Gabriele Mauz

Rohköstlichkeiten zum Frühstück

Gabriele Mauz

Rohköstlichkeiten

zum Frühstück

Für meine Eltern

© Hans-Nietsch-Verlag 2008

2. Auflage Juni 2013

Lektorat: Martina Klose
Korrektorat: Sylvia Schaible
Umschlaggestaltung: Rosi Weiss
Innenlayout und Satz: Rosi Weiss
Druck: Dimograf Druckerei GmbH, Bielsko-Biała/Polen

Hans-Nietsch-Verlag
Am Himmelreich 7
D-79312 Emmendingen

www.nietsch.de
info@nietsch.de

ISBN 978-3-939570-39-4

Inhalt

Dank

Ganz herzlich danken möchte ich allen, die zur Veröffentlichung dieses Buches beigetragen haben. Besonderer Dank gilt meinen Kindern Michaela, Stephanie und Johannes, die mich immer wieder ermutigten weiterzumachen und mit mir – kritisch und begeistert – die Rezepte ausprobierten.

Die Essäer Friedenslehre

„Tötet weder Mensch noch Tier, noch die Nahrung, die euer Mund aufnimmt. Denn wenn ihr lebendige Nahrung esst, wird sie euch beleben, aber wenn ihr eure Nahrung tötet, wird euch die tote Nahrung ebenfalls töten. Denn Leben kommt vom Leben und vom Tod kommt nur Tod. Denn alles, was eure Körper tötet, tötet auch eure Seelen. Und eure Körper werden, was eure Nahrung ist, so wie euer Geist das wird, was eure Gedanken sind. Esst darum nichts, was Feuer oder Frost oder Wasser zerstört hat. Denn durch gekochte, gefrorene und verfaulte Nahrung werden eure Körper ebenso verbrennen, erfrieren und verfaulen."
Das Friedensevangelium der Essäer, 1. Buch

Vorwort

Ein wesentlicher Teil unseres Lebens, den wir beeinflussen können, ist unsere Ernährung, denn wir können immer noch wählen, was, wann und wie viel wir essen. Wir erweisen uns selbst einen großen gesundheitlichen Gefallen, wenn wir mehr Obst, Gemüse, frisches gekeimtes Vollkorn und pflanzliches Eiweiß zu uns nehmen.

Mit einem Frühstück aus natürlichen, unverfälschten Lebensmitteln starten wir gut in den Tag: Es ist eine wahre Gaumenfreude und dazu gesund; außerdem gibt es uns alle wichtigen Nähr- und Vitalstoffe und sättigt uns angenehm, ohne dabei unseren Stoffwechsel übermäßig zu belasten. Das ist ideal für Schüler und Berufstätige, die wach und leistungsfähig sein müssen, denn es bewahrt sie unter anderem vor Konzentrationsschwäche und Müdigkeit, die durch eine gestörte Verdauung verursacht werden. Ein gesundes und rohköstliches Frühstück schenkt uns Vitalität und wirkt sich wohltuend auf unser Gesamtbefinden aus; es lässt uns dem Stress und den Anstrengungen des Alltags mit mehr Leichtigkeit begegnen. Unsere Ernährung ist im wahrsten Sinne des Wortes der Nährboden, auf dem alles andere wachsen und gedeihen kann.

Mit *Rohköstlichkeiten zum Frühstück* möchte ich einen Beitrag leisten zur Überwindung, wenigstens aber zur Minderung der bereits weit verbreiteten ernährungsbedingten Erkrankungen. In Anlehnung an unsere gewohnten gekochten Speisen habe ich die Rezepte so kreiert, dass Sie sich nur wenig umstellen müssen: Sie frühstücken wie gewohnt – Müsli, Joghurt, Milch und Brot mit Aufstrich. Entdecken Sie das angenehm leichte und doch zufriedene Körpergefühl, das Sie mit dieser Ernährung bekommen werden!

Einführung

Auch bei einer rohköstlichen Ernährung müssen wir darauf achten, dass unser Körper mit allem versorgt wird, was seine Zellen benötigen – mit Eiweiß, Kohlenhydraten, Fett, Vitaminen, Mineralstoffen, Spurenelementen, Wasser und vor allem mit Sauerstoff. Befolgen wir diese Regel, so wird uns die natürliche Form der Ernährung vielfachen Nutzen bringen, denn lebendige Nahrung (Rohkost) ist *das beste Schönheitsmittel*. Sie beschleunigt die Zellerneuerung, sodass die Haut elastisch bleibt und weniger Falten entstehen. Wir sehen frisch und jugendlich aus. Außerdem heilt sie die Drüsen und *wirkt* damit *sowohl Fettleibigkeit als auch Untergewicht entgegen*. Die feinsten Äderchen werden rein gehalten (es gibt keine Ablagerungen an ihren Wänden) und somit richtig durchblutet und deshalb bleiben Hände und Füße – auch wenn es draußen kalt ist – schön warm. Außerdem wirkt Rohkost zu hohem Blutdruck entgegen und kann *Angina pectoris* und Herzinfarkt verhindern. Der Rohköstler erlebt eine allmähliche *Verjüngung*, die bis zu zwanzig Jahre ausmachen kann ... Je mehr Rohkost – und damit frische Enzyme – unsere Nahrung enthält, desto mehr neues Leben fließt unserem Körper zu und desto mehr neue Zellen werden gebildet. Das wiederum bedeutet, dass wir mehr Energie, mehr Ausdauer, mehr Abwehrkraft gegen Krankheiten haben. Und wir werden von innen heraus schöner, unsere Drüsen arbeiten besser und somit reguliert sich unser Körpergewicht, unser Blut wird gereinigt und aus dem Zellgewebe werden die Abfallstoffe abtransportiert, das heißt, es kommt nicht zur Verschlackung. Und so kann eine rohköstliche Ernährung Arthritis (eine der schlimmsten Erkrankungen infolge von Ablagerungen), Gallensteinen, Arterienverkalkung, Herzkrankheiten, Krebs und einer großen Anzahl anderer Übel entgegenwirken und sie sogar in manchen Fällen heilen. Nicht vergessen möchte ich auch zu erwähnen, dass eine solche Ernährung unseren Säure-Basen-Haushalt im Gleichgewicht hält!

Ein paar praktische Tipps

Wollen Sie Rohkost zubereiten, so ist es notwendig, ein wenig umzudenken. Denn Sie werden zur Vorbereitung Zeit brauchen, etwa um Nüsse genießbar zu machen, Getreide anzukeimen und getrocknete Früchte einzuweichen. Trotzdem ist diese Art, Essen zuzubereiten, sehr einfach und wer sich erst einmal daran gewöhnt hat, wird feststellen, dass sie viel weniger Zeit in Anspruch nimmt als das Kochen. „Umdenken" heißt in diesem Fall: vorausdenken. Samen oder Getreide anzukeimen benötigt ungefähr drei Tage Zeit. Nüsse müssen etwa zehn Stunden eingeweicht werden, damit wir sie gut verdauen können (siehe mein Buch *Rohköstlichkeiten für Genießer*, Seite 135). Daran sollten Sie vorab denken, wenn Sie sich eine Mahlzeit zubereiten möchten. Solche Zutaten können Sie allerdings meist auf Vorrat herstellen, was die Vorbereitungszeit wesentlich verkürzt. Eine Speise ohne Nüsse, Getreide oder Samen ist allerdings schnell zubereitet.

Um Ihnen den Umgang mit Früchten, Kernen, Samen und Nüssen in der Rohkostküche zu erleichtern, möchte ich im Folgenden deren wesentliche Eigenschaften und Zubereitungskriterien kurz erläutern.

Datteln

Es gibt eine große Fülle verschiedener Dattelsorten. Klebrige und zähe Sorten nehme ich gern, um Süßigkeiten zuzubereiten und um sie pur zu genießen. Die kristallinen Datteln eignen sich hervorragend für Mixgetränke und Soßen sowie Cremes, da sie im Mixer leichter zu pürieren sind. (Eine Liste mit den verschiedenen Dattelsorten finden Sie in meinem Buch *Rohköstlichkeiten für Genießer,* Seite 131 f.)

Nüsse, Mandeln und Cashewkerne

Achten Sie bitte darauf, dass Sie „rohe" Nüsse kaufen. Oft werden Nüsse – meist unter heißem Dampf – über 40 Grad C erhitzt, um die Schale besser entfernen zu können. Es gibt allerdings auch Händler, die garantieren, dass die von ihnen angebotenen Nüsse Rohkostqualität haben. Getreide, Nüsse und Samen sind schwer verdaulich und sollten deshalb am besten ganz frisch verzehrt werden – dann enthalten sie noch keine Enzymhemmer (Stoffe, die die Nüsse in einer Art „Schlummerzustand" halten, bis die für die Keimung geeigneten Bedingungen gegeben sind). Erst wenn die Nüsse und Samen keimen können, sind die Wirkstoffe, die unsere Verdauung hemmen, wieder verschwunden. Essen Sie getrocknete Nüsse und Samen, dann belasten Sie also Ihre Bauchspeicheldrüse und Ihren Magen. Werden sie etwa zehn Stunden in Quellwasser eingeweicht, so sind sie gut verdaulich. Essen Sie Nüsse dennoch stets nur in Maßen, denn sie sind schleim- und säurebildend!

Um ein weißes Mandelmus zu bekommen, müssen Sie die braune Haut der Mandeln abziehen. Abgezogene Mandeln werden vor allem zur Herstellung von Joghurt, Quark und Käse verwendet – und das allein aus optischen Gründen. Eine Bezugsquelle für rohes Mandelpüree finden Sie unter „Bezugsquellen", Seite 142, im Anhang dieses Buches. 200 Gramm Mandeln wiegen nach dem Einweichen 300 Gramm. Makadamianüsse sind nur schwer roh zu bekommen – im Handel erhalten Sie meist erhitzte und gesalzene. Am besten kaufen Sie Makadamianüsse mit Schale, so können Sie auch wirklich sicher sein, dass die Nüsse noch nicht wärmebehandelt wurden. Sie sind teuer, müssen dann aber nur geknackt und nicht gehäutet werden. Rohe Cashewkerne sind ebenfalls nicht billig und die Kerne, die Sie herkömmlicherweise im Laden erhalten, sind erhitzt worden und meist auch gesalzen.

Tipp: Sparen Sie Zeit und weichen Sie stets eine größere Menge Nüsse und Getreide ein, die Sie danach im Dörrgerät bei 40 Grad C wieder „zurücktrocknen". Das macht Nüsse lange haltbar, Getreide wird dabei allerdings recht hart. Wenn Sie die Getreidekörner nach dem Ankeimen zerdrücken und dann erst trocknen, ist das Ergebnis besser und weicher.

Oliven

Im Handel werden grüne oder schwarze Oliven angeboten. Grüne Oliven sind unreif. Oft werden sie mit Farbstoff behandelt und dann als schwarze Oliven verkauft. Deshalb sind eingemachte Oliven für Rohköstler keine gute Wahl. Oliven reifen erst, wenn sie vom Baum gefallen sind. Das heißt, sie reifen auf dem Boden in der Sonne, was Wochen oder sogar Monate dauern kann. Mit Geduld bekommen wir auf diese Weise das wohl vollkommenste Lebensmittel der Welt. Leider gibt es solche saftigen, natürlich gereiften Oliven nur äußerst selten im Handel. Der Grund ist, dass sie schnell verderben. Wir können jedoch auf getrocknete Oliven zurückgreifen, die in naturbelassener oder in gesalzener Form verkauft werden. Die naturbelassenen, ungesalzenen Oliven können wir sehr gut für unsere Gerichte verwenden – sie werden ihnen einen lecker schokoladigen Geschmack geben. (Bezugsquelle auf Seite 142)

Samen

Buchweizen sollten Sie stets so einweichen, dass das Wasser nur etwa einen Fingerbreit über den Buchweizennüsschen steht. Sie verwenden das Einweichwasser anschließend stets mit. Leinsamen können Sie nach dem Einweichen mit oder ohne den auf diese Weise entstandenen „Schleim" zum Zubereiten Ihrer Speise nehmen.

Vitamin B$_{12}$

Weit verbreitet ist der Irrglaube, Vitamin B$_{12}$ sei nur in Schweinefleisch, Leber, Milch, Käse und anderen tierischen Produkten enthalten, doch in Wahrheit wird dieses Vitamin vor allem von unseren Darmbakterien hergestellt. Das ist beim Menschen und bei allen anderen „Pflanzen fressenden" Lebewesen so. Allerdings muss die Darmflora, um diese Aufgabe meistern zu können, gesund sein! Vitamin B$_{12}$ regt die Blutbildung an. Zu wenig Vitamin B$_{12}$ führt zu einem Mangel an roten Blutkörperchen. Oft kann ein Mangel an roten Blutkörperchen mit Chlorophyll (das in grünen Blättern und Gräsern enthalten ist) erfolgreich „behandelt" werden. Es wird vermutet, dass Chlorophyll das Entstehen von Fäulnisbakterien im Darm hemmt, sodass die natürliche Darmflora wieder ausreichend Vitamin B$_{12}$ produzieren kann.

Zwiebeln, Knoblauch und Lauchgemüse

Ich verwende Zwiebeln, Knoblauch und Lauchgemüse nicht gern, da sie Stoffe enthalten, die die unteren Chakras (Energiezentren) negativ beeinflussen, wie schon in den Veden – den heiligen Schriften des Hinduismus – nachzulesen ist. Zwiebeln und Knoblauch (aber auch Kaffee und Kakao) verstopfen die feineren Energiekanäle. Außerdem verursachen sie Blähungen und Bauchkrämpfe. Wer sich ausschließlich rohköstlich ernährt, empfindet den Geschmack dieser Pflanzen ohnehin als unangenehm und lehnt sie allein schon deshalb ab. Im Allgemeinen erzeugen Zwiebeln, Knoblauch und andere Lauchgewächse einen sehr schlechten Atem und andere übel riechende Ausdünstungen. Eine Ausnahme ist hier der *Bärlauch*. Vor dem Blühen gepflückt, schmeckt er herrlich und ist außerdem leicht verdaulich. Er reinigt die Blutgefäße und macht im Körper so richtig Frühjahrsputz. Sie können ihn trocknen und auf diese Weise haltbar machen. Allerdings büßt er dabei leider sehr an Aroma ein. Besser ist es, Sie legen ihn in kalt gepresstes Öl ein, auf diese Weise behält er seinen Geschmack ... und Sie können den Bärlauch dann das ganze Jahr über genießen.

Wann, wie und wie viel wir essen sollten

Stehen wir sehr früh am Morgen auf, sollten wir noch keine feste Nahrung zu uns nehmen, hier sind Obst- oder Gemüsesaft als Frühstück anzuraten, denn vor 10 Uhr befindet sich unser Körper in der Ausscheidungsphase und so kann er die in den Lebensmitteln enthaltenen Nährstoffe noch nicht gut aufnehmen. Haben wir am Abend zuvor spät gegessen, so bleibt die Nahrung ohnehin bis zum anderen Morgen im Magen, denn dieser „arbeitet" ab etwa 19 Uhr nur noch zu ungefähr 25 Prozent, sodass wir morgens noch mit einem Gefühl der Sättigung aufstehen. Es ist also ratsam, nach 19 Uhr keine Speisen mehr zu sich zu nehmen, denn über Nacht haben die Nahrungsmittel dann zwölf Stunden Zeit zu gären – und bei unserer Körpertemperatur sind die Verhältnisse dafür ideal. Am besten verdaut unser Körper zwischen 10 und 14 Uhr.

Zwischen den Mahlzeiten sollten stets mindestens vier Stunden Abstand sein, das ist die Zeit, die unser Magen-Darm-Trakt braucht, um die Nahrung vollständig zu verdauen – immer vorausgesetzt, dass es sich um für den Menschen artgerechte Nahrungsmittel handelt. Wer gern tierische Produkte isst, der sollte wissen, dass der Magen acht Stunden braucht, um Fleisch zu verdauen, sechs Stunden braucht er für Milch und bis zu zwölf Stunden für Wurst.

Im Zusammenhang mit der Frage, wie oft wir essen sollten, steht das Modewort *Dinner Cancelling*: Wir können also etwa am Abend ganz auf Nahrung verzichten. Befürworter dieser Methode wollen diese Ernährungsweise allerdings nicht als Methode zur Gewichtsreduktion verstanden wissen, sie soll vielmehr dem Alterungsprozess entgegenwirken, die Regeneration der Körperzellen fördern und sogar den Muskelaufbau anregen und die Fettspeicherung bremsen.

Der schwedische Ernährungsreformer Are Waerland (1876 bis 1955) entwickelte Anfang des 20. Jahrhunderts eine vegetarische Ernährungsform auf der Basis von Rohkost und einem von ihm erdachten Getreidebrei namens „Kruska". Diese Art, sich zu ernähren, fördert die Gesundheit und unterstützt vor allem das Immunsystem. Waerland beschäftigte sich viele Jahre lang mit „Ernährung und Verdauung" und entwickelte und veröffentliche zu diesem Thema eigene Theorien. Er war der Ansicht, dass unser Körper zwischen 4 Uhr morgens und 12 Uhr mittags mit Ausscheidungsprozessen beschäftigt ist. Von 12 bis 20 Uhr ist seine Aufnahmezeit und von 20 Uhr abends bis 4 Uhr morgens seine Speicherungszeit.

Die russische Ärztin Galina Schatalova ist ebenfalls davon überzeugt, dass der menschliche Organismus ausschließlich auf pflanzliche Nahrungsmittel festgelegt ist und bei artgerechter Ernährung sogar 150 Jahre alt werden kann. In ihrem Buch *Wir fressen uns zu Tode* erläutert sie die anatomischen und physiologischen Hintergründe ihres Konzepts und berichtet von ihren spektakulären Erfahrungen bei der praktischen Erprobung. Sie ist der Ansicht, dass wir zum Frühstück gar keine feste Nahrung zu uns nehmen sollten, etwa um 14 Uhr eine Hauptmahlzeit und zwischen 17 und 18 Uhr ein Abendessen. Außerdem sagt sie, am besten sei es, sogar nur eine Mahlzeit am Tag zu sich zu nehmen: die Hauptmahlzeit. Auf jeden Fall aber soll darauf geachtet werden, dass mindestens vier Stunden zwischen den Mahlzeiten liegen.

Der Heilpraktiker Henning Müller-Burzler, der ein Naturheil- und Allergiezentrum betreibt, legt uns nahe, unser Frühstück nicht vor 11 Uhr, die Hauptmahlzeit zwischen 12 und 14 Uhr und das Abendessen in der Zeit von 17 bis 20 Uhr einzunehmen.

Mir tut es gut, vor 11 Uhr höchstens einen Frucht- oder Gemüsesaft zu trinken. Zwischen 12 und 14 Uhr nehme ich meine Hauptmahlzeit zu mir und vor 18 Uhr noch eine Kleinigkeit ... oder eben gar nichts mehr. Abends trinke ich gern noch einen Liter Quellwasser oder nehme einen Drink aus Quellwasser mit Gerstengraspulver zu mir. Das bekommt mir persönlich am besten. Sie sollten lernen, auf Ihren Körper zu hören, und damit beginnen, in sich hineinzuspüren, denn Ihr Körper sagt Ihnen genau, *was gut für Sie ist!*

Zusammenfassend gilt die Regel, dass Sie morgens bis 10 Uhr am besten nur Obst- und Gemüsesäfte trinken, ab 10 Uhr feste Nahrung und nach 19 Uhr keine feste Nahrung mehr zu sich nehmen sollten. Außerdem sollten Sie Ihrem Verdauungstrakt zwischen den Mahlzeiten mindestens vier Stunden Zeit lassen, seine Arbeit zu verrichten.

Was wir essen, ist wichtig, aber nicht weniger wichtig ist, *wie* wir essen. Denn die Verwertung der Nahrung, die wir aufnehmen, hängt davon ab, wie bewusst oder unbewusst wir essen. Und so möchte ich Ihnen hier neun Leitlinien für Ihre Mahlzeiten mit auf den Weg geben:

1. *Ruhe:* Gönnen Sie sich Ruhe, wenn Sie essen. Die Verdauungs- und Ausscheidungsorgane werden belastet, wenn Stress und Unruhe mit am Tisch sitzen. Bei manchen Völkern spricht man kein Wort, während man isst.

2. *Kontakt zu den Speisen:* Besinnen Sie sich darauf, woher die Nahrungsmittel kommen und wer die Speisen zubereitet hat.

3. *Dankbarkeit:* Danken Sie für Ihre Speisen und segnen Sie sie – das erhöht die Lebensenergie des Lebensmittels.

4. *Kauen:* Kauen Sie gründlich – besonders den ersten Bissen, da genau jetzt die Ausschüttung der Verdauungssäfte angeregt wird.

5. *Die Sinne:* Haut, Augen, Nase, Zunge und Ohren erlauben eine bewusste Wahrnehmung, die uns noch mehr Freude am Essen haben lässt.

6. *Trinken:* Trinken Sie so wenig wie möglich beim Essen, am besten gar nichts. Flüssigkeit behindert die Verdauungssäfte bei ihrer Arbeit – der Verdauung. (Generell empfehle ich Ihnen, bis 30 Minuten nach dem Essen keine Flüssigkeit zu sich zu nehmen.)

7. *Das rechte Maß:* Unser Körper signalisiert uns, wann er genug Nahrung aufgenommen hat. Wir fühlen uns dann satt. Achten Sie bitte genau auf Ihr Körpergefühl. Wer zu viel isst, belastet seine Organe (auch wenn es gesunde Nahrung ist).

8. *Bewusst essen:* Fernsehen, Zeitung lesen, Radio hören oder andere Ablenkungen werten das Essen ab. Farben, Formen und der Geruch des Essens sind Energien, die den feinstofflichen Körper nähren und mit unserem Bewusstsein aufgenommen werden können. Konzentrieren Sie sich ganz aufs Essen, während Sie die zubereitete Nahrung zu sich nehmen. Tun Sie nichts anderes nebenher.
9. *Genuss:* Genießen Sie jede Mahlzeit in Stille – sie ist wahre Lebensfreude!

Sehr wichtig ist in jedem Fall Nummer 7 der Leitlinien: Essen Sie mit Maß! Schon Jesus lehrte: „Das Gewicht Eurer täglichen Nahrung sei nicht weniger als ein Mina [rund 1 Pfund], soll jedoch nicht über zwei Mina gehen" (*Heliand. Evangelium des vollkommenen Lebens*). Außerdem sollten Sie nur essen, wenn Sie hungrig sind! Das Hungergefühl eines Rohköstlers ist übrigens angenehmer als das eines Menschen, der gekochte Nahrung zu sich nimmt.

„Die richtige Art, viel zu essen, besteht darin, wenig zu essen; so lebt man lange genug, um viel essen zu können."
Anonym

Erläuterungen

Mengenangaben:
EL	Esslöffel
TL	Teelöffel
Msp.	Messerspitze
l	Liter
g	Gramm

Zubereitungskategorien:
*	einfache Zubereitung
**	braucht ein wenig Geduld
***	braucht Zeit und ein wenig Erfahrung

Getreideflocken und Milchprodukte – ein gesundes Frühstück?

Müsli aus frisch geschrotetem Getreide oder frischen Getreideflocken, Früchten und Milch ist ein beliebtes und hoch gelobtes Frühstück. Neu mag Ihnen jedoch die Tatsache sein, dass Getreide und Milch gar nicht miteinander harmonieren, da die im Getreide enthaltene Phytinsäure und das Kalzium der Milch unlösliche Salze bilden. Auf diese Weise wird dem Organismus kein Kalzium zugeführt, im Gegenteil: Um das „gesunde" Müsli verdauen zu können, benötigt der Körper Kalzium, das er hauptsächlich den Knochen entzieht. Wir führen uns also kein Kalzium zu, wenn wir Müsli mit Milch zum Frühstück essen, sondern wir rauben unserem Körper Kalzium! Getreidemüsli ist schwer zu verdauen (es raubt uns somit Energie!) und es wird sogar noch schwerer verdaulich durch die heute übliche Zubereitung. Wir geben Honig, Früchte und Milch dazu – und so haben wir gärende, unverdauliche Stärke im Bauch, die unsere Organe belastet und uns aufbläht.

Wollen wir Getreide, Samen und Nüsse leicht verdaulich machen, damit unser Körper die darin enthaltenen Nährstoffe gut aufnehmen kann, müssen wir sie ankeimen und anschließend roh verzehren. Hat der Keimvorgang eingesetzt, so ist es quasi Gemüse und kein Samen mehr. Nun können wir Getreide, Nüsse und Samen gut verdauen! (Siehe auch unter „Nüsse, Samen und Getreide", Seite 135 f.)

Für viele Müsli in diesem Rezeptbuch werden Getreideflocken verwendet. Diese können mit der Flockenmühle oder mit dem Wellholz hergestellt werden – Letzteres dauert ein bisschen länger und ist ein wenig aufwändiger. Hierfür geben Sie die in Quellwasser eingeweichten und gut abgetropften Getreidekörner auf ein Haushaltsbrettchen (sie sollten nicht zu dicht liegen), nehmen ein Wellholz zur Hand und bewegen es mit Druck über das Getreide. Auf diese Weise werden die Körner zu „Flocken" zerdrückt.

Ich empfehle Ihnen, zum Frühstück ein Müsli mit Nüssen und Früchten zuzubereiten. Es ist eine besonders „effektive" Morgenmahlzeit, denn das Pektin in Äpfeln und Birnen regt die Peristaltik im Magen-Darm-Trakt an, Beeren – speziell die dunkelblauen und roten – unterstützen die Blutbildung und Nüsse verlangsamen die Abgabe von Fruktose ins Blut. Dieses Müsli ist ein Powerfrühstück, das Ihnen über längere Zeit Energie spendet!

Avocadomüsli mit geriebenem Apfel*

Zutaten für 1 Portion

1 Avocado (Hass oder Lula – auf jeden Fall sehr weich) ⚜ 1 Limone (Wichtig! Mit Zitrone schmeckt das Müsli nicht.) ⚜ 2 EL rohes Mandelpüree (Bezugsquelle auf Seite 142) ⚜ ⅛ l Quellwasser ⚜ 5 Datteln (Halawi oder Khadrawi kristall) ⚜ 2 Äpfel
Zum Dekorieren: 1 Limettenscheibe

Die Avocado halbieren, entkernen und das Fruchtfleisch mit einem Löffel aus der Schale heben. Die Datteln entkernen. Die Limone entsaften. Das Fruchtfleisch der Avocado, die Datteln, das Mandelpüree, den Limonensaft mit dem Quellwasser im Mixer zu einer feinen Creme pürieren. Die Äpfel fein raspeln. Je eine Hälfte der geraspelten Äpfel in eine der Avocadoschalenhälften füllen und die Avocadocreme darübergeben. Mit einer Limettenscheibe verzieren.

Vorbereitung: 0
Zubereitung: 15 Minuten
Haltbarkeit: 0
Geräte: Mixer

Birchermüsli**

Zutaten für 1 Portion

100 g Hafer (3 Tage in Quellwasser angekeimt, gespült und gut abgetropft) ❀ 1 EL Mandeln (10 Stunden in Quellwasser eingeweicht und gut abgetropft) ❀ 1 Zitrone ❀ 2 EL rohes Mandelpüree (Bezugsquelle auf Seite 142) ❀ ⅛ l Quellwasser ❀ 5 Datteln (Khadrawi oder Halawi kristall) ❀ 2 Äpfel (etwa 400 Gramm einer säuerlichen Sorte) ❀ 1 EL Hanfnussöl

Die Mandeln – wer es feiner möchte, kann die Haut vor dem Zurücktrocknen abziehen – im Dörr- gerät ungefähr 10 Stunden trocknen lassen. Danach fein hacken. Den abgetropften Hafer mit dem Wellholz oder der Flockenmühle zu Haferflocken verarbeiten (siehe Seite 18). Die Zitrone entsaften. Die Datteln entkernen. Den Zitronensaft, das Quellwasser, die entkernten Datteln, das Mandelpüree, das Hanfnussöl und das Wasser im Mixer zu einer feinen Creme verarbeiten. Die Äpfel auf einer Glasreibe fein reiben (am besten mit der Schale). Das Apfelmus und die Haferflocken miteinander vermengen. Die Creme darübergießen und das Müsli mit den gehackten Mandeln bestreuen.

Vorbereitung: 3 Tage
Zubereitung: 45 Minuten
Trocknen: 10 Stunden bei 40° C
Haltbarkeit: 0
Geräte: Keimgerät, Dörrgerät, Mixer

Wissenswertes: Hafer kann nur sehr schwer zum Keimen gebracht werden. Obgleich nach drei Tagen in der Regel kein Keimling sichtbar wird, ist der angekeimte Hafer nun schon en- zymatisch aktiv – das heißt, er bildet Enzyme, die für sein Wachstum und für unseren Orga- nismus wichtig sind, und kann gut verdaut werden.

Haselnussmüsli*

Zutaten für 1 Portion

20 g Buchweizen (10 Stunden in Quellwasser eingeweicht, abgetropft und danach etwa 10 Stunden bei 40° C im Dörrgerät getrocknet) ❧ 50 g Haselnüsse (10 Stunden in Quellwasser eingeweicht und gut abgetropft) ❧ 20 g Sonnenblumenkerne (10 Stunden in Quellwasser eingeweicht und gut abgetropft) ❧ 5 Datteln (Khadrawi) ❧ 3 Orangen ❧ verschiedene Früchte Ihrer Wahl, je nach Saison (Äpfel, Birnen, Heidelbeeren, Brombeeren, Himbeeren, Erdbeeren, Kiwis, Bananen, Weintrauben, Pfirsiche ...)

2 Orangen entsaften. Den Saft zusammen mit den Nüssen, den Sonnenblumenkernen und den entkernten Datteln zu dem Orangensaft in den Mixer geben und alles gut pürieren. So entsteht ein süßer Brei, der als Grundlage für dieses Müsli dient. Die verschiedenen frischen Früchte in mundgerechte Stücke schneiden und unter die Masse heben. Den Saft der dritten Orange über das Müsli geben und die Buchweizennüsschen darüberstreuen.

Vorbereitung: 20 Stunden
Zubereitung: 10 Minuten
Haltbarkeit: 0
Geräte: Dörrgerät, Mixer

Tipp: Den Buchweizen kann man auf Vorrat einweichen und im Dörrgerät zurücktrocknen.

Hirsemüsli mit Orangensahne**

Zutaten für 1 Portion

100 g Hirse (2 Tage in Quellwasser angekeimt, gewaschen und gut abgetropft) ◉ *1 Banane* ◉ *2 saure Äpfel* ◉ *3 getrocknete Aprikosen*
Für die Orangensahne: *1 Orange* ◉ *2 Datteln* ◉ *3 EL kalt gepresstes Haselnussöl* ◉ *1 EL rohes Mandelpüree (Bezugsquelle auf Seite 142)*
Zum Dekorieren: *20 g getrocknete Beeren der Berberitze*

Die Hirsekörner in einem Mixer zu feinem Mus verarbeiten. Die beiden Äpfel schälen und auf einer Glasreibe fein raspeln. Die Aprikosen fein wiegen. Alle Zutaten gut vermengen.

Orangensahne: Die Orange entsaften. Die Datteln entkernen. Das Mandelpüree mit dem Orangensaft und den entkernten Datteln im Mixer pürieren. Langsam das Öl zugeben, bis eine steife „Sahne" entsteht.

Die Banane schälen, klein schneiden und (den größten Teil) in ein hübsches Schälchen geben. Die Hirse-Apfelmus-Masse darübergeben. Mit den restlichen Bananenscheiben, der Orangensahne und den Beeren der Berberitze verzieren.

Vorbereitung: 2 Tage
Zubereitung: 10 Minuten
Haltbarkeit: 0
Geräte: Keimgerät, Mixer

Müsli „Birne Helene"*

Zutaten für 1 Portion

2 Birnen (süße Sorte) ✿ *50 g geknackte Makadamianüsse* ✿ *50 g Sonnenblumenkerne (10 Stunden in Quellwasser eingeweicht und gut abgetropft)* ✿ *5 Datteln (Khadrawi)*
Für die Soße: *6 Datteln (Khadrawi)* ✿ *4 ungesalzene Oliven (Bezugsquelle auf Seite 142)* ✿ *2 Orangen* ✿ *1 EL rohes Mandelpüree (Bezugsquelle auf Seite 142)*

Die Birnen entkernen und in mundgerechte Stücke schneiden. Die Makadamianüsse fein hacken. Die Datteln entkernen, klein schneiden und mit den Sonnenblumenkernen und den Nüssen unter die Birnenstücke heben.

Soße: Datteln und Oliven entkernen. Die Orangen entsaften. Alle Zutaten im Mixer zu einer feinen „Schokoladencreme" pürieren. Die Schokoladencreme über das Müsli geben.

Vorbereitung: 10 Stunden
Zubereitung: 20 Minuten
Haltbarkeit: 0
Geräte: Mixer

Müsli „Pfirsich Melba"*

Zutaten für 1 Portion

50 g Walnüsse (10 Stunden in Quellwasser eingeweicht und gut abgetropft) 🌿 *20 g Sonnenblumenkerne (10 Stunden in Quellwasser eingeweicht und gut abgetropft)* 🌿 *40 g Rosinen* 🌿 *5 Pfirsiche* 🌿 *250 g Erdbeeren* 🌿 *1 Zitrone*

Die Pfirsiche entkernen und schälen. Einen Pfirsich mit den Rosinen im Mixer zu einer glatten Masse pürieren. Zwei Pfirsiche mit den Walnüssen und Sonnenblumenkernen zu einer glatten Masse pürieren. Beide Cremes gut verrühren. Die restlichen beiden Pfirsiche in kleine Stückchen schneiden und unter die Nussmasse heben. Von den Erdbeeren die Stiele abzupfen. Die Zitrone entsaften. Die Erdbeeren mit dem Zitronensaft im Mixer zu einer Soße verarbeiten. Die Nuss-Pfirsich-Masse in ein schönes Gefäß füllen und die Erdbeersoße darübergießen.

Vorbereitung: 10 Stunden
Zubereitung: 30 Minuten
Haltbarkeit: 0
Geräte: Mixer

Variation: Eine besondere Note bekommt dieses Müsli, wenn Sie ½ Teelöffel Veilchenwurzelpulver (erhalten Sie in Ihrer Apotheke) in die Nuss-Pfirsich-Masse geben.

Tipps: Erdbeeren der Sorte „Senga Sengana" haben den intensivsten Geschmack. Leider ist diese Sorte im Handel nur selten erhältlich, da sie sehr schnell verdirbt. Vielleicht finden Sie einen Bauern, der „Senga Sengana" zum Selbstpflücken anpflanzt. Oder Sie pflanzen diese Sorte in Ihrem Garten an.
Legen Sie Erdbeeren niemals in den Kühlschrank, denn in der Kälte verlieren sie ihr Aroma. Die Beeren verlieren schon zwei Stunden nach der Ernte an Aroma, so ist es nicht verwunderlich, dass importierte Beeren fast keinen Geschmack mehr haben.

Weizenkeimmüsli mit Vanillecreme**

Zutaten für 1 Portion

100 g Weizen (3 Tage in Quellwasser angekeimt, gespült und gut abgetropft) ❀
1 Banane ❀ *1 Orange* ❀ *1 Apfel* ❀ *andere frische Früchte Ihrer Wahl*
Für die Vanillecreme: *¼ l Quellwasser* ❀ *3 EL Kanne Brottrunk (Bezugsquelle auf Seite 142)*
❀ *3 EL rohes Mandelpüree (Bezugsquelle auf Seite 142)* ❀ *6 Datteln (Halawi oder
Khadrawi kristall)* ❀ *3 EL Maiskeimöl* ❀ *1 Vanilleschote*

Die Banane schälen, die Orange schälen und den Apfel entkernen. Die Früchte in mundgerechte
Stückchen schneiden. Die Früchte unter die Weizenkeime heben.

Vanillecreme: Die Datteln entkernen. Die Vanilleschote der Länge nach aufschneiden und das
Mark herauskratzen. Alle Zutaten im Mixer zu einer feinen Creme verarbeiten und über das
Müsli gießen.

Vorbereitung: 3 Tage
Zubereitung: 20 Minuten
Haltbarkeit: 0
Geräte: Keimgerät, Mixer

Wintermüsli**

Zutaten für 1 Portion

50 g Walnüsse (10 Stunden in Quellwasser eingeweicht und gut abgetropft) ❀ *20 g Sonnenblumenkerne (10 Stunden in Quellwasser eingeweicht und gut abgetropft)* ❀ *2 Äpfel* ❀ *4 getrocknete Pflaumen oder Zwetschgen (10 Stunden in Quellwasser eingeweicht)* ❀ *4 getrocknete Aprikosen (10 Stunden in Quellwasser eingeweicht)* ❀ *4 Stücke getrocknete Papaya (10 Stunden in Quellwasser eingeweicht)* ❀ *1 Handvoll getrocknete Heidelbeeren (10 Stunden in Quellwasser eingeweicht)* ❀ *1 Handvoll getrocknete Erdbeeren (10 Stunden in Quellwasser eingeweicht)* ❀ *4 Datteln* ❀ *1 Handvoll Rosinen (10 Stunden in Quellwasser eingeweicht)* ❀ *insgesamt ¼ l Wasser zum Einweichen der Früchte* ❀ *1 Msp. Lebkuchengewürz*

Die Heidelbeeren abtropfen lassen. Die restlichen Früchte aus dem Einweichwasser nehmen und klein schneiden. Die Datteln entkernen und ebenfalls klein schneiden. Die Walnüsse mit den Sonnenblumenkernen, den Rosinen und dem Einweichwasser der Früchte im Mixer gut pürieren. Früchte (außer den Heidelbeeren) und Lebkuchengewürz in diese Masse geben und das Ganze gut vermengen. Die Äpfel entsaften und den Saft sowie die Heidelbeeren über das Müsli gießen.

Vorbereitung: 10 Stunden
Zubereitung: 20 Minuten
Haltbarkeit: 0
Geräte: Mixer, „Champion Entsafter"

Knuspermüsli*

Zutaten für etwa 10 Portionen

200 g Sonnenblumenkerne (10 Stunden in Quellwasser eingeweicht und gut abgetropft) ❀ 200 g Buchweizen (10 Stunden in ¼ Liter Quellwasser eingeweicht und nicht abgetropft) ❀ 200 g Leinsamen (10 Stunden in ½ Liter Quellwasser eingeweicht und nicht abgetropft) ❀ 6 Äpfel (Elstar) ❀ 200 g Rosinen ❀ 200 g Sesam (wenn gewünscht; 10 Stunden in Quellwasser eingeweicht und gut abgetropft)

Die Äpfel entkernen und in kleine Würfel schneiden. Buchweizen, die Sonnenblumenkerne sowie die abgetropften Sesamsamen separat auf ein Backpapier geben. Die Leinsamen mit „Schleim" dünn auf Backpapier ausstreichen. Alles etwa 24 Stunden im Dörrgerät gut trocknen lassen. Danach die Leinsamen-„Scheibe" vom Backpapier nehmen und mit den Händen in mundgerechte Stücke brechen. Alle Zutaten gut vermischen und luftdicht verschlossen aufbewahren.

Vorbereitung: 10 Stunden
Zubereitung: 2 Stunden
Trocknen: 24 Stunden bei 40° C
Haltbarkeit: einige Wochen
Geräte: Dörrgerät

Tipp: Achten Sie darauf, dass die Zutaten wirklich trocken sind, damit sie nicht schimmeln.

Müslimischung mit Trockenfrüchten**

Zutaten für 10 Portionen

1 Ananas ❀ *2 Äpfel (am besten Elstar; sie werden nicht braun)* ❀ *2 große Bananen* ❀ *500 g Erdbeeren* ❀ *3 große Karotten* ❀ *200 g Mandeln (10 Stunden in Quellwasser eingeweicht und gut abgetropft)* ❀ *300 g Hafer (3 Tage in Quellwasser angekeimt, gespült und gut abgetropft)* ❀ *150 g Sonnenblumenkerne (10 Stunden in Quellwasser eingeweicht und gut abgetropft)* ❀ *150 g Buchweizennüsschen (10 Stunden in Quellwasser eingeweicht und nicht abgetropft)* *200 g Datteln (Khadrawi kristall)* ❀ *¼ l Quellwasser*

Die Mandeln mit einem scharfen Messer in kleine Stücke schneiden. Den Hafer mit der Flocken-mühle zu Flocken verarbeiten oder mit dem Wellholz zerdrücken (siehe Seite 18). Die zerklei-nerten Mandeln, die Haferflocken, den eingeweichten Buchweizen mit Einweichwasser und die Sonnenblumenkerne in einer Glasschüssel gut mischen.
Die Datteln entkernen und mit Quellwasser im Mixer zu einer glatten Soße verarbeiten. Die Soße über die Körnermischung geben und das Ganze noch einmal gut vermengen. Die Masse auf ein Backpapier geben und im Dörrgerät 24 Stunden trocknen lassen. Zwischendurch eventuell mit den Fingern zerkleinern bzw. zerbröseln.

Die Äpfel schälen, entkernen, achteln und in etwa 3 Millimeter dicke Scheiben schneiden. Die Bananen schälen und ebenfalls in etwa 3 Millimeter dicke Scheiben schneiden. Von den Erdbeeren die Stiele abzupfen und die Früchte halbieren, falls sie sehr groß sind. Die Ananas schälen, den harten Strunk entfernen und das Fruchtfleisch in mundgerechte Stücke schneiden. Die Karotten waschen und grob raspeln. Alle Früchte auf den Rost des Dörrgeräts legen und ebenfalls 24 Stunden trocknen lassen. (Achten Sie dabei darauf, dass sich die Fruchtstücke auf dem Rost nicht berühren, sonst kleben sie zusammen.)

Anschließend die getrockneten Zutaten gut miteinander vermengen und in luftdichte Gläser füllen.

Vorbereitung: 3 Tage
Zubereitung: 5 Minuten
Trocknen: 24 Stunden bei 40° C
Haltbarkeit: etwa 4 Wochen (wenn die Zutaten ganz trocken sind)
Geräte: Keimgerät, Mixer, Dörrgerät

Tipp: Mit reinem Orangensaft angerührt und mit Mandel-, Chufa- oder Kokosmilch angemacht – ein herrliches Frühstück!

Mein Vorschlag: Saft von 2 Orangen, ⅛ Liter Quellwasser mit 2 Esslöffeln rohem Mandelpüree (Bezugsquelle auf Seite 142) und 2 Esslöffeln Hanfnussöl cremig rühren und über das Müsli geben.

Wissenswertes: Hafer kann nur sehr schwer zum Keimen gebracht werden. Obgleich nach drei Tagen in der Regel kein Keimling sichtbar wird, ist der angekeimte Hafer nun schon enzymatisch aktiv – das heißt, er bildet Enzyme, die für sein Wachstum und für unseren Organismus wichtig sind, und kann gut verdaut werden.

Bananen-Sesam-Frühstück mit Aprikosensoße*

Zutaten für 1 Portion

2 reife Bananen ⊛ 1 EL rohes Mandelpüree (Bezugsquelle auf Seite 142) ⊛ 100 g heller ungeschälter Sesam (10 Stunden in Quellwasser eingeweicht und gut abgetropft)
Für die Aprikosensoße: 6 getrocknete Aprikosen ⊛ 4 EL Quellwasser ⊛ 2 Orangen ⊛ 1 Zitrone
Zum Dekorieren: 1 Banane ⊛ 1 Handvoll heller ungeschälter Sesam (10 Stunden in Quellwasser eingeweicht und gut abgetropft)

Die Bananen schälen und mit einer Gabel zerdrücken. Den Sesam im Mixer zu „Mus" verarbeiten und mit dem Mandelpüree und dem Bananenbrei vermischen. Den Sesam für die Deko im Dörrgerät etwa 6 Stunden zurücktrocknen und beiseite stellen.

Aprikosensoße: Die getrockneten Aprikosen über Nacht in dem Quellwasser einweichen. Die Orangen und die Zitrone entsaften. Den Fruchtsaft mit den eingeweichten Aprikosen und dem Einweichwasser im Mixer zu einer cremigen Soße pürieren.

Bananen schälen und der Länge nach halbieren. Die Banenenhälften dekorativ auf das Bananen-Sesam-Mus legen, Aprikosensoße darübergießen und mit ganzem Sesam bestreuen.

Vorbereitung: 10 Stunden
Zubereitung: 30 Minuten
Trocknen: 6 Stunden bei 40° C
Haltbarkeit: 0
Geräte: Dörrgerät, Mixer

Wissenswertes: 100 Gramm **Sesam** enthalten 780 Milligramm Kalzium, also fast so viel wie 1 Liter Kuhmilch. Zur Verdauung der Kuhmilch wird allerdings mehr als die Hälfte des in der Milch enthaltenen Kalziums wieder verbraucht.

Erdbeerbecher[*]

Zutaten für 1 Portion

250 g Erdbeeren 🍓 100 g geknackte Makadamianüsse (10 Stunden in Quellwasser eingeweicht und gut abgetropft) 🍓 2 EL rohes Mandelpüree (Bezugsquelle auf Seite 142) 🍓 1 Zitrone 🍓 6 Datteln (Halawi kristall oder Khadrawi kristall) 🍓 ⅛ l Quellwasser 🍓 1 EL Traubenkernöl 🍓 1 TL Veilchenwurzelpulver (erhalten Sie in Ihrer Apotheke)
Zum Dekorieren: 1 Zweiglein Pfefferminze

Die Zitrone entsaften, die Datteln entkernen. Den Zitronensaft, das Mandelpüree, die Makadamianüsse, das Quellwasser, die Datteln und das Traubenkernöl mit dem Veilchenwurzelpulver im Mixer zu einer festen Creme verarbeiten. (Falls sie zu dick sein sollte, einfach noch etwas Quellwasser zugeben.) Die Erdbeeren entstielen und die Früchte in mundgerechte Stücke schneiden. Die Erdbeerstücke abwechselnd mit der Nusscreme in ein schönes Glas füllen. Mit frischer Pfefferminze verzieren.

Vorbereitung: 10 Stunden
Zubereitung: 20 Minuten
Haltbarkeit: 0
Geräte: Mixer

Frühstück mit Gerstengras*

Zutaten für 1 Portion

1 Avocado ❀ 2 Äpfel ❀ 2 EL rohes Mandelpüree (Bezugsquelle auf Seite 142) ❀ 2 Johannisbrotschoten ❀ 2 EL Gerstengraspulver (Bezugsquelle auf Seite 142)
Zum Dekorieren: 100 g Beeren (Rote Johannisbeeren, Schwarze Johannisbeeren, Erdbeeren, Brombeeren, Heidelbeeren) oder Mirabellen

Die Johannisbrotschoten entkernen und in einer Küchenmaschine zu „Mehl" verarbeiten. Die beiden Äpfel auf einer Glasreibe fein reiben. Die Avocado entkernen und das Fruchtfleisch mit einem Löffel aus der Schale heben, dann mit der Gabel zerdrücken. Alle Zutaten in eine Glasschüssel geben und gut vermengen. Mit den Beeren verzieren.

Vorbereitung: 0
Zubereitung: 20 Minuten
Haltbarkeit: 0
Geräte: Küchenmaschine

Wissenswertes: Gersten- und **Weizengras** liefern unserem Körper gut verwertbares organisch gebundenes Kalzium, das im Verbund mit anderen Mineralien auch in anderer „lebender" Nahrung enthalten ist. 50 Gramm saftiges Gras (es sollte ungefähr 7 Zentimeter lang sein, dann hat es die beste gesundheitliche Wirkung) enthalten etwa 450 Milligramm Kalzium und 200 Milligramm Magnesium – ebenso viel wie ½ Liter Ziegen- oder Schafsmilch. 60 Gramm nicht hitzebehandelter Schafs- oder Ziegenkäse liefern ungefähr 600 Milligramm Kalzium. Und: Getrocknetes Weizengras enthält dreimal so viel Protein wie Rindfleisch!

Kastanienbrei mit warmer Früchtesoße*

Zutaten für 1 Portion

2 EL Maronipulver (Bezugsquelle auf Seite 142) ⚘ 2-3 EL Quellwasser ⚘ 1 Banane ⚘ 1 säuerlicher Apfel ⚘ 2 EL rohes Mandelpüree (Bezugsquelle auf Seite 142) ⚘ ½ TL Zimt ⚘ 200 g rote Weintrauben ⚘ 1 Birne

Das Maronipulver in das handwarme Quellwasser einstreuen und mit dem Schneebesen glatt rühren. Die Banane schälen und mit einer Gabel zerdrücken. Den Apfel waschen und auf einer Glasreibe fein reiben. Den Kastanienbrei mit dem Bananenmus, dem geriebenen Apfel und dem Mandelpüree gut vermengen. Die Birne entkernen und mit den roten Weintrauben im Mixer pürieren. Die Soße kurze Zeit ruhen lassen, damit sich das Pektin der Birne entfalten kann. (Es dickt die Soße ein.) Die Früchtesoße über den Kastanienbrei gießen, Zimt darüberstreuen und genießen!

Vorbereitung: 0
Zubereitung: 10 Minuten
Haltbarkeit: 0
Geräte: Mixer

Leinsamen-Orangen-Frühstück[*]

Zutaten für 1 Portion

70 g Leinsamen ◉ 50 g Braunhirsemehl ◉ 1 Banane ◉ 1 Birne ◉ 5 Orangen ◉ 2 EL Leinöl oder Traubenkernöl

Eine Orange entsaften und den Saft über die Leinsamen gießen. 3 Stunden quellen lassen. Eine weitere Orange entsaften, die Banane schälen und die Birne entkernen. Banane und Birne mit dem Orangensaft und dem Öl im Mixer zu einer glatten Creme verarbeiten. 3 Orangen schälen und in Scheiben schneiden. Diese in einem Fächer auf einem großen Teller anrichten. Die Bananen-Birnen-Creme zu den eingeweichten Leinsamen geben und das Ganze gut verrühren. Zuletzt das Braunhirsemehl hinzugeben und alles noch einmal gut vermengen. In ein Glasschälchen geben und dieses in die Mitte des Tellers stellen.

Vorbereitung: 3 Stunden
Zubereitung: 20 Minuten
Haltbarkeit: 0
Geräte: Mixer

Pistaziencreme auf Orangensabayone*

Zutaten für 1 Portion

100 g Mandeln (10 Stunden in Quellwasser eingeweicht und gut abgetropft) ✿ *10 Datteln (am besten Khadrawi kristall)* ✿ *1 Avocado* ✿ *40 g Pistazien* ✿ *2 Orangen*

Für die Orangensabayone: *3 Orangen* ✿ *2 EL rohes Mandelpüree (Bezugsquelle auf Seite 142)* ✿ *1 EL Ω-3-Plus von Dr. Udo Erasmus (Bezugsquelle auf Seite 142)* ✿ *3 Datteln (Khadrawi kristall)*
Zum Dekorieren: *1 Handvoll Pistazien* ✿ *1 Orangenscheibe*

Die Mandeln abziehen. Die Avocado halbieren, den Kern entfernen und das Fruchtfleisch mit einem Löffel aus der Schale heben. Die Datteln entkernen. Die Orangen entsaften. Die Mandeln und die Pistazienkerne mit dem Orangensaft im Mixer gut pürieren. Die Datteln und das Avocado-Fruchtfleisch nach und nach dazugeben. Schön cremig mixen.

Orangensabayone: Die Orangen entsaften. Die Datteln entkernen. Alle Zutaten im Mixer zu einer feinen Sabayone verarbeiten.

Die Sabayone auf einem Teller anrichten und die Pistaziencreme mit einem Löffel oder mit einer Spritztülle auf den Orangensabayone-Spiegel geben. Das Ganze mit Pistazien und einer Orangenscheibe verzieren.

Vorbereitung: 10 Stunden
Zubereitung: 15 Minuten
Haltbarkeit: 0
Geräte: Mixer

Mein Vorschlag: Dazu passt gut saftiges Obst wie Ananas, Mango, Papaya, Orangen und Aprikosen. Schneiden Sie die Früchte klein und reichen Sie sie als Obstsalat dazu.

Porridge
mit Maronisahne und Apfelmus**

Zutaten für 1 Portion

*100 g Gerste (3 Tage in Quell-
wasser angekeimt, gespült und
gut abgetropft)* ⊗ *1 Msp.
Himalajasalz* ⊗ *10 getrocknete Zwetschgen* ⊗ *30 g Rosinen*

Für die Maronisahne:

3 Orangen ⊗ *2 EL rohes Maronipulver (Bezugsquelle auf Seite 142)* ⊗ *2 EL rohes Mandelpüree (Bezugsquelle auf Seite 142)* ⊗ *1 EL
Traubenkernöl* ⊗ *3 Datteln (Halawi kristall
oder Khadrawi kristall)* ⊗ *½ TL Zimt*

Für das Apfelmus: *2 Äpfel* ⊗ *2 EL Zitronen-
saft*

Die Gerste mit einer Flockenmühle (oder mit dem Wellholz; siehe Seite 18) zu Flocken verarbeiten. Die Zwetschgen und die Rosinen fein schneiden. Die Gerstenflocken, das Salz und die
fein geschnittenen getrockneten Früchte gut vermengen.

Maronisahne: Die Orangen entsaften, die Datteln entkernen und alle Zutaten im Mixer zu einer
cremigen „Sahne" pürieren. Die Masse zum Porridge geben und alles gut mischen. Das Ganze
3 Stunden quellen lassen.

Apfelmus: Die Äpfel waschen, vierteln, entkernen und mit Schale auf einer Glasreibe grob reiben. Mit Zitronensaft mischen.

Vorbereitung: 3 Tage
Zubereitung: 4 Stunden
Haltbarkeit: 0
Geräte: Mixer

Variation: Sie können statt Gerste auch Amaranth, Hirse, Quinoa (peruanischen Reis) oder
Zwerghirse verwenden. Die Körner dieser Getreidearten sind sehr klein, müssen also nur
einem Tag eingeweicht werden und keimen in nur einem Tag.

Reisbrei mit Zwetschgenkompott **

Zutaten für 1 Portion

*100 g süßer ungeschälter Reis (3 Tage in Quellwasser angekeimt, gespült und gut abge-
tropft)* ✻ *2 EL rohes Mandelpüree (Bezugsquelle auf Seite 142)* ✻ *1 Orange* ✻ *20 g
Rosinen* ✻ *1 Msp. Zimt*
Für das Zwetschgenkompott: *20 reife Zwetschgen* ✻ *1 Orange* ✻ *10 g Rosinen*

Die Orange entsaften. Den Orangensaft mit dem Mandelpüree, den Rosinen und dem Zimt im
Mixer verquirlen, dann etwa 10 Minuten ruhen lassen. Die Soße gut mit den Reiskörnern mischen
und mit ein wenig Zimt bestreuen.

Zwetschgenkompott: Die Zwetschgen entkernen. Die Orange entsaften. Fünf Zwetschgen mit
dem Orangensaft und den Rosinen im Mixer pürieren. Die anderen Zwetschgen ganz klein
schneiden und unter die pürierte Masse geben. Das Kompott zum Reisbrei reichen.

Vorbereitung: 3 Tage
Zubereitung: 15 Minuten
Haltbarkeit: 0
Geräte: Keimgerät, Mixer

Zwetschgen-
Haferflocken-Traum***

Zutaten für 2 Portionen

100 g Hafer (3 Tage in Quellwasser angekeimt, gespült und gut abgetropft) ⊛ 100 g Haselnüsse (10 Stunden in Quellwasser eingeweicht und gut abgetropft) ⊛ 20 frische Zwetschgen ⊛ 5 getrocknete Zwetschgen ⊛ ⅛ l Quellwasser ⊛ 10 Datteln ⊛ 1 Zitrone ⊛ ½ TL Zimt

Die getrockneten Zwetschgen über Nacht in dem Quellwasser einweichen. Den Hafer gut waschen und mit einer Flockenmühle oder dem Wellholz zu Haferflocken verarbeiten (siehe Seite 18). Die Haselnüsse portionsweise in eine Zellophantüte geben und mit dem Hammer zerkleinern. Die frischen Zwetschgen entkernen und klein schneiden. Die Datteln entkernen. Die Zitrone entsaften. Die getrockneten Zwetschgen mit dem Quellwasser, den Datteln und dem Zitronensaft im Mixer glatt pürieren. Danach die Haferflocken und die zerkleinerten Haselnüsse unter die Masse heben, den Zimt unterrühren und das Ganze über die klein geschnittenen Zwetschgen gießen.

Vorbereitung: 3 Tage
Zubereitung: 30 Minuten
Haltbarkeit: 0
Geräte: Keimgerät, Mixer

Wissenswertes: Hafer kann nur sehr schwer zum Keimen gebracht werden. Obgleich nach drei Tagen in der Regel kein Keimling sichtbar wird, ist der angekeimte Hafer nun schon enzymatisch aktiv – das heißt, er bildet Enzyme, die für sein Wachstum und für unseren Organismus wichtig sind, und kann gut verdaut werden.

Apfel-Haselnuss-Crisps*

Zutaten für etwa 5 Portionen

250 g Haselnüsse (10 Stunden in Quellwasser eingeweicht und gut abgetropft)
800 g süße Äpfel 100 g Rosinen

Äpfel vierteln und das Kerngehäuse herausschneiden. Alle Zutaten im Mixer pürieren, sodass eine grobe Masse entsteht. Mit einem Löffel kleine Häufchen auf ein Backpapier setzen und im Dörrgerät 12 Stunden trocknen lassen. Wenn gewünscht, können Sie zusätzlich auch getrocknete Haselnussstücke zu den Crisps geben.

Vorbereitung: 10 Stunden
Zubereitung: 30 Minuten
Trocknen: 12 Stunden bei 40° C
Haltbarkeit: im luftdicht verschlossenen Gefäß 2 bis 3 Monate
Geräte: Mixer, Dörrgerät

Tipp: Dazu passt jegliche Art von veganer Milch (Rezepte auf Seite 46 ff.).

Birnen-Walnuss-Flakes**

Zutaten für 4 Portionen

250 g Walnüsse (10 Stunden in Quellwasser eingeweicht und gut abgetropft) *2 Birnen* *20 Datteln (Khadrawi oder Halawi kristall)* *1 Msp. Himalajasalz*

Die Birnen entkernen und den Stiel entfernen. Die Datteln entkernen. Eine Birne mit den Datteln im Mixer zu Mus verarbeiten. Die zweite Birne klein schneiden, die Walnüsse fein hacken und unter das Birnen-Dattel-Mus geben. Himalajasalz hinzugeben, gut verrühren und bissgroße Häufchen aus der Masse auf ein Backpapier setzen. Im Dörrgerät 24 Stunden trocknen lassen.

Vorbereitung: 10 Stunden
Zubereitung: 40 Minuten
Trocknen: 24 Stunden bei 40° C
Haltbarkeit: im luftdicht verschlossenen Gefäß 2 Wochen
Geräte: Mixer, Dörrgerät

Mein Vorschlag: Dazu passt prima Granatapfelmilch.

Granatapfelmilch*

2 Granatäpfel *3 EL rohes Mandelpüree (Bezugsquelle auf Seite 142)*

Die Granatäpfel halbieren und wie eine Orange entsaften. Das Mandelpüree und den Granatapfelsaft im Mixer zu einer cremigen „Milch" verrühren. Über die Birnen-Walnuss-Flakes geben ... und genießen!

Vorbereitung: 0
Zubereitung: 5 Minuten
Haltbarkeit: 0
Geräte: Mixer

Ginger Love *

Zutaten für 3 Portionen

250 g Rote Bete ⊙ 150 g Walnüsse (10 Stunden in Quellwasser eingeweicht und gut abgetropft) ⊙ 10 g Ingwer ⊙ 3 reife Bananen ⊙ 1 TL Zimt

Die Rote Bete waschen, das Grün entfernen und das Gemüse in Stücke schneiden, die in den „Champion Entsafter" passen. Das Saftsieb des Entsafters entfernen, dann die Walnüsse, die Rote Bete und den Ingwer damit raspeln. Die Bananen schälen und mit einer Gabel zu Mus zerdrücken. Alle Zutaten gut vermengen. Mit einem kleinen Löffel Häufchen auf ein Backpapier setzen. Im Dörrgerät 24 Stunden trocknen lassen.

Vorbereitung: 10 Stunden
Zubereitung: 5 Minuten
Trocknen: 24 Stunden bei 40° C
Haltbarkeit: 0
Geräte: Mixer

Mein Vorschlag: Dazu passt Bonny Clabber – „Sauermilch" – sehr gut!

Bonny Clabber *

¼ l Quellwasser ⊙ 2 EL rohes Mandelpüree (Bezugsquelle auf Seite 142) ⊙ 4 Datteln (Khadrawi kristall) ⊙ 3 EL Kanne Brottrunk (Bezugsquelle auf Seite 142) ⊙ 3 EL kalt gepresstes Traubenkernöl

Die Datteln entkernen und mit den übrigen Zutaten im Mixer zu einer cremigen Milch pürieren, über die Ginger-Love-Flakes geben und genießen.

Vorbereitung: 15 Minuten
Zubereitung: 5 Minuten
Haltbarkeit: 0
Geräte: Mixer

Karottennestchen*

Zutaten für 2 Portionen

2 mittelgroße Karotten ❀ *2 süße Äpfel* ❀ *50 g Rosinen*

Die Äpfel entkernen und mit den Rosinen im Mixer zu einem Brei pürieren. Die Karotten mit der Legumette (Bezugsquelle auf Seite 142) zu Spaghetti schneiden. Karottenspaghetti und die Apfel-Rosinen-Masse gut miteinander vermengen. Kleine Nestchen aus der Masse formen, auf ein Backpapier setzen und 12 Stunden im Dörrgerät trocknen. (Beachten Sie bitte, dass die Nestchen nur noch halb so groß sein werden, wenn sie gut getrocknet sind.)

Vorbereitung: 0
Zubereitung: 50 Minuten
Trocknen: 12 Stunden bei 40° C
Haltbarkeit: im luftdicht verschlossenen Gefäß 2 bis 3 Wochen
Geräte: Mixer, Legumette, Dörrgerät

Tipp: Dazu passt jegliche Art von veganer Milch (Rezepte auf Seite 46 ff.).

RosiLein*

Zutaten für etwa 5 Portionen

200 g Leinsamen ❧ ½ l Quellwasser ❧ 200 g Rosinen

Die Leinsamen und die Rosinen 10 Stunden in dem Quellwasser einweichen. Aus der entstandenen Masse kleine Häufchen auf ein Backpapier setzen und 24 Stunden im Dörrgerät trocknen lassen.

Vorbereitung: 10 Stunden
Zubereitung: 30 Minuten
Trocknen: 24 Stunden bei 40° C
Haltbarkeit: im luftdicht verschlossenen Gefäß einige Monate
Geräte: Dörrgerät

Tipps: Die **Rosi**nen-**Lein**samen-Flakes ganz trocknen lassen, damit sie nicht schimmeln! Dazu passt jede Art veganer Milch (Rezepte auf Seite 46 ff.) fantastisch! In meinem Rezeptbuch *Rohköstlichkeiten für Genießer* finden Sie weitere leckere Milchrezepte (Seite 118 f.)

Flakes & Crisps
43

Sesamflakes*

Ergibt etwa 5 Portionen

200 g Sesam (10 Stunden in Quellwasser eingeweicht und gut abgetropft) 🌸
3 reife Bananen 🌸 *100 g Rosinen (wenn gewünscht)*

Die Bananen schälen und mit der Gabel zu einem feinen Mus zerdrücken. Das Bananenmus mit dem Sesam vermengen. Aus dem „Teig" kleine Häufchen auf ein Backpapier setzen und – wenn gewünscht – auf jedem Häufchen eine Rosine platzieren. Anschließend die Sesamflakes 24 Stunden im Dörrgerät trocknen lassen.

Vorbereitung: 10 Stunden
Zubereitung: 30 Minuten
Trocknen: 24 Stunden bei 40° C
Haltbarkeit: im luftdicht verschlossenen Gefäß einige Monate
Geräte: Dörrgerät

Tipps: Dazu passt jede Art von veganer Milch (Rezepte auf Seite 46 ff.) hervorragend. Die Rosinen machen die Flakes nicht viel süßer. Sie sehen einfach hübscher aus!

... das Beste aus einem Liter Milch?

Die Mehrzahl der Menschen trinkt Kuhmilch und verzehrt Produkte aus pasteurisierter Kuhmilch in dem Glauben, dass es eine für uns Menschen passende, ausgewogene Nahrung sei. Kuhmilch ist aber die Muttermilch für das Kalb, dessen Bedürfnisse sich von denen eines Menschen erheblich unterscheiden. Ein gesundes Kalb verdoppelt sein Körpergewicht in nur 45 Tagen und so muss die Kuhmilch eine Zusammensetzung aufweisen, die ein so schnelles Wachstum ermöglicht. Wir Menschen brauchen eine solche Milch nicht, denn ein gesunder menschlicher Säugling verdoppelt sein Körpergewicht erst in sechs bis acht Monaten. Folglich wachsen mit Produkten auf Kuhmilchbasis ernährte Kinder schneller als gestillte. Vergleicht man die Entwicklung des menschlichen Gehirns mit dem der Kuh, so entwickelt sich Letzteres viel langsamer als das des menschlichen Säuglings – dafür ist der geringe Laktosegehalt (Milchzuckergehalt) in der Kuhmilch (im Verhältnis zur Muttermilch) verantwortlich. Dieser kann auf das Menschenbaby negative Auswirkungen haben. Im Übrigen sind drei Viertel aller Menschen nicht in der Lage, den in Kuhmilch enthaltenen Milchzucker (Laktose) zu verdauen (Laktose-Intoleranz). Folgen dieser sogenannten „Laktoseintoleranz" sind Blähungen, Durchfall, Darmkrämpfe, Migräne, Mundgeruch ... Studien an verschiedenen Universitäten (so an der Universität von Palermo auf Sizilien) haben ergeben, dass Kleinkinder mit Verstopfung auf Nahrung reagieren, die Kuhmilcheiweiße enthalten, und es wurde geschlussfolgert, dass es sich hierbei um eine allergische Reaktion handelt. Es kann dabei außerdem zu Hautausschlägen und Atemproblemen kommen. (Die Zusammensetzung der Kuhmilch wurde verändert: Heute enthält sie weniger Fett und dafür mehr Eiweiß als noch in den 1970er-Jahren.)

Und wie steht es mit dem Glauben, das Kalzium in der Milch wirke Osteoporose entgegen? Um eine bestimmte Menge Kalzium aufnehmen zu können, braucht unser Körper eine ganz bestimmte Menge an Magnesium, wovon Milchprodukte aber nur geringe Mengen enthalten. Ohne dieses Spurenelement kann unser Körper nur 25 Prozent des in der Milch vorliegenden Kalziums aufnehmen – und der Rest lagert sich als Placke an den Arterienwänden ab, wird zu Nierensteinen, lässt Arthritis entstehen ... Wäre es tatsächlich wahr, dass das Kalzium aus der Milch vor Knochenentkalkung schützt, dann dürfte es in Ländern, in denen vorwiegend Milchprodukte verzehrt werden – in den USA, in Schweden, Finnland, Deutschland und der Schweiz –, keine Menschen geben, die an Osteoporose leiden. Doch Osteoporose kommt in Ländern wie beispielsweise Japan, in denen wenig oder überhaupt keine Milchprodukte verzehrt werden, fast gar nicht vor. Artfremde Milch und Fleisch sind uns Menschen nicht zuträglich. Die zehnjährigen Studien von Dr. J. C. Annand haben schon 1964 schlüssig bewiesen, dass erhitzte Milch zu verschiedenen Formen von Herzkrankheiten führen kann. Selbst wenn die Kuhmilch roh ist, ist sie für den menschlichen Körper nicht problemlos zu verdauen und sie lässt unseren Organismus verschleimen, wie Professor Arnold Ehret (1866 bis 1922) in seinem Buch *Die schleimfreie Heilkost* schreibt. Diesen Schleim finden wir dann unter anderem in den Stirnhöhlen und den Atemorganen.

Muttermilch ist also die richtige Nahrung für jeden Säugling. Deshalb ist es gut, das Baby so lange wie möglich zu stillen und dann unerhitzte vegane Milch zu verwenden.

Buchweizen-Mandel-Milch*

Ergibt etwa ½ Liter

 50 g Buchweizen (10 Stunden in Quellwasser eingeweicht und nicht abgetropft; gerade so viel Quellwasser nehmen, dass es nur 1 Zentimeter über dem Buchweizen steht) ⊛ 30 g Mandeln (10 Stunden in Quellwasser eingeweicht und gut abgetropft) ⊛ ½ l Quellwasser

Die Haut von den Mandeln abziehen. Die nicht abgetropften Buchweizennüsschen und die abgezogenen Mandeln mit ½ Liter Quellwasser im Mixer gut pürieren.

Vorbereitung: 10 Stunden
Zubereitung: 30 Minuten
Haltbarkeit: 0
Geräte: Mixer

Tipp: Wer in der Milch keine Nuss- und Buchweizenstückchen haben möchte, kann die Flüssigkeit durch ein Haarsieb oder durch ein Käseleinen gießen.

Buttermilch*

Ergibt etwa ½ Liter

 100 g Leinsamen (10 Stunden in 1 Liter Quellwasser einweichen, dabei ab und zu umrühren) ❀ 3 EL rohes Mandelpüree (Bezugsquelle auf Seite 142) ❀ ⅛ l Kanne Brottrunk (Bezugsquelle auf Seite 142)

Die Leinsamen-Masse in ein Haarsieb geben und die zähe Flüssigkeit abtropfen lassen (wir verwenden für dieses Rezept nur den „Schleim"!), das dauert etwa 1 Stunde. Den „Schleim" anschließend mit den übrigen Zutaten im Mixer zu einer feinen „Buttermilch" verquirlen.

Vorbereitung: 10 Stunden und 1 Stunde Abtropfzeit
Zubereitung: 5 Minuten
Haltbarkeit: 0
Geräte: Mixer

Tipp: Streichen Sie die übrig gebliebenen Leinsamen dünn auf einem Backpapier aus und geben Sie sie etwa 6 Stunden bei 40 Grad C in das Dörrgerät. Nach dem Trocknen zerkrümeln Sie die Leinsamen-„Scheibe" mit den Händen und geben diese Krümel in Ihr Knuspermüsli. Einfach köstlich!

Chufa- oder Erdmandelmilch*

Ergibt etwa ½ Liter

 5 EL Erdmandelpulver (Bezugsquelle auf Seite 142) ❄ *½ l Quellwasser*

Das Erdmandelpulver 10 Stunden in dem Quellwasser einweichen. Am nächsten Tag im Mixer gut verquirlen und die Flüssigkeit danach durch ein großes Käsetuch abgießen. Zum Schluss leicht drücken und die „Milch" gut heraustropfen lassen.

Vorbereitung: 10 Stunden
Zubereitung: 10 Minuten
Haltbarkeit: 0
Geräte: Mixer

Tipps: Wenn Sie die „Milch" nicht durch ein Sieb gießen, regen die wertvollen Faserstoffe Ihre Verdauung an. Ganze Erdmandeln (Bezugsquelle auf Seite 142) – über Nacht eingeweicht und gut abgetropft – sind eine leckere süße Knabberei.

Wissenswertes: Die **Erdmandel**, **Chufa** oder **Tigernuss** besitzt eine runzlige braune bis schwarzbraune Haut und liefert uns wertvolles, leicht verdauliches pflanzliches Eiweiß; zahlreiche Mineralstoffe (unter anderem auch das Spurenelement Eisen) sowie Fett mit einem hohen Anteil an ungesättigten Fettsäuren. Gleichzeitig spendet sie das pflanzliche Zellschutzvitamin E, welches notwendig ist, um unsere Zellen vor freien Radikalen zu schützen. Die natursüßen Erdmandeln sind ein Energiespender, der uns hilft, uns schnell zu regenerieren; sie sind Nervennahrung für Menschen jeden Alters und daher leistungsfördernd im Beruf, in der Schule und beim Sport. Sie sättigen gut und verhindern Heißhunger auf Süßes.

Kokosmilch**

Ergibt etwa ½ Liter

1 Kokosnuss ⊛ ½ l Quellwasser

Die Kokosnuss öffnen, das Fruchtfleisch herausholen und die braune Haut mit einem Kartoffelschäler oder Messer entfernen. Das weiße Fruchtfleisch kurz unter kaltem Wasser abwaschen, im „Champion Entsafter" (ohne Sieb!) reiben. Die geriebene Kokosnuss in das Quellwasser geben und etwa 2 bis 3 Stunden an einen warmen Ort stellen. Dann eine Schüssel mit einem Käse- oder Passiertuch auslegen und die Kokosmilch hineingeben. Leicht drücken und die „Milch" gut abtropfen lassen. Mit der einen Hand das Tuch halten und mit der anderen den gefüllten Beutel drehen, bis keine Flüssigkeit mehr heraustropft. Diese Flüssigkeit mit dem Wasser der Kokosnuss mischen.

Vorbereitung: 0
Zubereitung: 4 Stunden
Haltbarkeit: 0
Geräte: „Champion Entsafter"

Tipp: Wenn Sie beim Schütteln deutlich das Kokoswasser plätschern hören, ist die **Kokosnuss** frisch. Die harte Schale – der sogenannte „Steinkern" – hat drei „Augen" oder Keimporen. Eine von ihnen können Sie mit einem Flaschenöffner aufstechen bzw. -bohren. (Probieren Sie es aus. Zwei Augen sind sehr hart, eine ist weicher.) Lassen Sie das Kokoswasser in ein großes Glas oder in eine Glasschüssel fließen. Ich werfe die Kokosnuss danach meist im Freien in die Luft und lasse sie auf den Steinboden aufschlagen, um sie zu öffnen. Wenn Sie dann mit einem Hammer auf die harte Schale klopfen, lässt sich das Kokosfleisch leichter lösen.

Mein Vorschlag: Es gibt noch eine einfachere Art, Kokosmilch herzustellen. Nehmen Sie 5 Esslöffel Kokosfett (Bezugsquelle auf Seite 142), erwärmen Sie dieses auf 40 Grad C und verrühren Sie es in einem Mixer mit ½ Liter lauwarmem Quellwasser.

Mandelmilch*

Ergibt etwa ½ Liter

 3 EL rohes Mandelpüree (Bezugsquelle auf Seite 142) ⊛ ½ l Quellwasser ⊛ 1 EL Kanne Brottrunk (Bezugsquelle auf Seite 142)

Alle Zutaten im Mixer zu einer feinen „Milch" verrühren. Wer die Milch süßen möchte: nach Geschmack kristalline Datteln dazugeben und gut pürieren.

Vorbereitung: 0
Zubereitung: 5 Minuten
Haltbarkeit: 0
Geräte: Mixer

Tipp: In meinem Rezeptbuch *Rohköstlichkeiten für Genießer* finden Sie weitere leckere Milchrezepte (Seite 118 f.).

Maronimilch*

Ergibt etwa ½ Liter

 3 EL Maronipulver (Bezugsquelle auf Seite 142) ⊛ 2 EL rohes Mandelpüree (Bezugsquelle auf Seite 142) ⊛ ½ l Quellwasser ⊛ 2 EL Kanne Brottrunk (Bezugsquelle auf Seite 142)

Alle Zutaten im Mixer zu einer cremigen „Milch" verrühren.

Vorbereitung: 0
Zubereitung: 8 Minuten
Haltbarkeit: 0
Geräte: Mixer

Tipps: Sie können Maronipulver auch selbst herstellen. Dazu benötigen Sie frische Esskastanien, die Sie im Dörrgerät etwa 12 Stunden bei 40 Grad C trocknen lassen. Danach schälen Sie die Maroni und verarbeiten sie in einer Küchenmaschine zu „Mehl". Sie brauchen dazu eine Küchenmaschine mit stabilem Mahlwerk, denn die Maroni sind äußerst hart.

Sesammilch*

Ergibt etwa ½ Liter

 100 g ungeschälter Sesam (10 Stunden in Quellwasser eingeweicht und gut abgetropft)
½ l Quellwasser

Die Zutaten im Mixer gut pürieren. Die Flüssigkeit dann durch ein großes Käsetuch abgießen; leicht drücken, damit die „Milch" gut abtropft.

Vorbereitung: 10 Stunden
Zubereitung: 10 Minuten
Haltbarkeit: 0
Geräte: Mixer

Mandelbutter*

Zutaten für 1 Portion

1 EL rohes Mandelpüree (Bezugsquelle auf Seite 142) ❀ 1 TL Quellwasser ❀ 1 Msp. Himalajasalz

Die Zutaten in einer kleinen Keramik- oder Glasschüssel mit einer Gabel so lange verrühren, bis die Masse fest geworden ist.

Vorbereitung: 0
Zubereitung: 5 Minuten
Haltbarkeit: 0
Geräte: 0

Sesambutter**

Zutaten für 1 Portion

50 g Sesam ⊛ ⅛ l frischer Karottensaft ⊛ 2 EL Leinsamen ⊛ 1 TL Zitronensaft

⅛ Liter Karottensaft† im „Champion Entsafter" herstellen. Den Sesam in der Küchenmaschine pulverfein mahlen. Die Leinsamen ebenfalls pulverfein mahlen. Sesam- und Leinsamenpulver im Mixer in den Karottensaft einrühren. Den Zitronensaft hinzugeben und alles gut verquirlen, dann 15 Minuten quellen lassen!

Vorbereitung: 0
Zubereitung: 15 Minuten
Haltbarkeit: im luftdicht verschlossenen Gefäß und gekühlt 3 bis 4 Tage
Geräte: „Champion Entsafter", Küchenmaschine, Mixer

Sauercreme*

Zutaten für 2 Portionen

100 g Leinsamen (10 Stunden in ¾ Liter Quellwasser eingeweicht) ⊛ *4 EL rohes Mandelpüree (Bezugsquelle auf Seite 142)* ⊛ *2 TL Zitronensaft*

Leinsamen-Masse in ein Haarsieb geben und den „Schleim" abtropfen lassen (das dauert etwa 1 Stunde). Die zähe Flüssigkeit der Leinsamen mit dem Mandelpüree und dem Zitronensaft gut verrühren.

Vorbereitung: 10 Stunden
Zubereitung: 70 Minuten
Haltbarkeit: 1 Tag im Kühlschrank
Geräte: Mixer

Tipp: Streichen Sie die übrig gebliebenen Leinsamen dünn auf einem Backpapier aus und geben Sie das Ganze etwa 6 Stunden bei 40 Grad C in das Dörrgerät. Nach dem Trocknen zerkrümeln Sie die Leinsamen-„Scheibe" mit den Händen und geben diese Krümel in Ihr Knuspermüsli. Einfach köstlich!

Joghurt*

Zutaten für 2 Gläser

100 g Mandeln (10 Stunden in Quellwasser eingeweicht und gut abgetropft) ✻ 2 EL rohes Mandelpüree (Bezugsquelle auf Seite 142) ✻ 65 ml Kanne Brottrunk (Bezugsquelle auf Seite 142) ✻ 100 g helle Leinsamen (10 Stunden in ⅜ Liter Quellwasser eingeweicht)

Joghurt: Die Haut von den Mandeln abziehen, dann die Mandeln mit „Kanne Brottrunk" im Mixer zu einer dicken Creme pürieren. Die Leinsamen-Masse in ein feines Haarsieb geben und die zähe Flüssigkeit abtropfen lassen. Die Mandel-Brottrunk-Creme, das Mandelpüree und den „Schleim" der Leinsamen im Mixer zu „Joghurt" verarbeiten.

Vorbereitung: 10 Stunden
Zubereitung: 45 Minuten
Haltbarkeit: im Kühlschrank 2 Tage
Geräte: Mixer

Tipp: Wollen Sie ein Joghurt herstellen, das neutraler schmeckt, so verwenden Sie anstatt der Mandeln die gleiche Menge rohe Cashewkerne. Rohe Makadamianüsse eignen sich ebenfalls hervorragend, um Joghurt herzustellen, und bei Cashewkernen und Makadamianüssen müssen Sie keine Nusshaut abziehen.

Mein Vorschlag: Das Joghurt schmeckt fantastisch mit **Erdbeermousse**. Für das Mousse 250 Gramm Erdbeeren entstielen. 5 Datteln entkernen. Erdbeeren und Datteln mit 1 Esslöffel Apfelkonzentrat (Bezugsquelle auf Seite 142) im Mixer zu einer dicken Mousse pürieren.

Quark*

Zutaten für 2 Portionen

200 g Mandeln oder 200 g Cashewkerne (10 Stunden in Quellwasser eingeweicht und gut abgetropft) oder 200 g Makadamianüsse (nicht eingeweicht) ⊛ 65 ml Quellwasser ⊛ 65 ml Kanne Brottrunk (Bezugsquelle auf Seite 142) ⊛ 1 Msp. Himalajasalz

Die Haut von den Mandeln abziehen (wenn Sie Makadamianüsse oder Cashewkerne verwenden, ist dieser Arbeitsgang nicht nötig). Mandeln oder Nüsse oder Cashewkerne mit den restlichen Zutaten im Mixer zu einer quarkähnlichen Masse pürieren.

Vorbereitung: 10 Stunden
Zubereitung: 45 Minuten (wenn Sie Mandeln verwenden, bei denen die Haut abgezogen werden muss) oder 10 Minuten (wenn Sie Makadamianüsse oder Cashewkerne verwenden)
Haltbarkeit: im Kühlschrank 2 Tage
Geräte: Mixer

Mein Vorschlag: Mit Datteln und Ananas angemacht, ein herrliches Powerfrühstück!

Bibeliskäs*

Zutaten für 2 Portionen (angemachter Quark)

200 g Mandeln (10 Stunden in Quellwasser eingeweicht und gut abgetropft) ❀ *65 ml Kanne Brottrunk (Bezugsquelle auf Seite 142)* ❀ *65 ml Quellwasser* ❀ *½ TL Himalajasalz* ❀ *2 EL rohes Mandelpüree (Bezugsquelle auf Seite 142)* ❀ *65 ml Quellwasser* ❀ *1 Zitrone* ❀ *5 EL Maiskeimöl* ❀ *1 EL Senfkörner* ❀ *1 EL Edelhefe (Bezugsquelle auf Seite 142)* ❀ *1 Handvoll Kümmelsamen (wenn gewünscht; 5 Stunden in Quellwasser eingeweicht und gut abgetropft)* ❀ *6 Blättchen Petersilie*

Von den Mandeln die Haut abziehen. Mit 65 Milliliter Quellwasser, ½ Teelöffel Himalajasalz und dem „Kanne Brottrunk" im Mixer glatt pürieren. Die Zitrone entsaften. Das rohe Mandelpüree mit dem Zitronensaft und weiteren 65 Millilitern Quellwasser zu einer cremigen Masse verarbeiten. Nach und nach das Öl zugeben und weiterrühren, bis eine feste Creme entsteht. Die Senfkörner im Mörser zerkleinern und das Senfpulver mit der Hefe in die Creme einrühren. Diese Creme mit der Mandelmasse vermischen und gegebenenfalls den Kümmel dazugeben. Die Petersilie fein wiegen und ebenfalls unterrühren.

Vorbereitung: 10 Stunden
Zubereitung: 60 Minuten
Haltbarkeit: im Kühlschrank 2 Tage
Geräte: Mixer

Mein Vorschlag: Dazu passen gut „Vollkorn"-Leinsamencracker (Rezept auf Seite 118).

Wissenswertes: Bibeliskäs ist eine badische Spezialität. Woher dieser Name kommt, das ist umstritten. Manche glauben, er stamme von dem badischen Wort *Bibeli*, was „Küken" bedeutet. *Bibeli* kann allerdings auch „Pünktchen" bedeuten. Diese „Übersetzung" scheint mir passender zu sein, da sie auf die „Pünktchen" von der fein gewiegten Petersilie und vom Kümmel hinweist.

Kräuterfrischkäse*

Zutaten für 2 Portionen

200 g Mandeln (10 Stunden in Quellwasser eingeweicht und gut abgetropft) ❀ ⅛ l Kanne Brottrunk (Bezugsquelle auf Seite 142) ❀ ½ TL Himalajasalz ❀ 2 Zweiglein glatte Petersilie ❀ 5 Blättchen Borretsch ❀ 5 Blättchen Bärlauch ❀ 2 Blätter Liebstöckel ❀ 1 Handvoll Kresse

Die Haut von den Mandeln abziehen, die Mandeln dann mit dem „Kanne Brottrunk" und dem Himalajasalz im Mixer glatt pürieren. Die Kräuter fein wiegen und unter die „Käsemasse" geben.

Vorbereitung: 10 Stunden
Zubereitung: 45 Minuten
Haltbarkeit: im Kühlschrank 2 Tage
Geräte: Mixer

Mein Vorschlag: Dazu passt fantastisch ein gemischter Salat.

Falsches Rührei**

Zutaten für 2 Portionen

100 g helle Leinsamen (10 Stunden in ⅜ Liter Quellwasser eingeweicht) ⊛ 3 EL rohes Mandelpüree (Bezugsquelle auf Seite 142) ⊛ 2 Zucchini ⊛ 1 TL Kurkuma ⊛ 1 TL gelbe Senfsamen ⊛ ½ TL Himalajasalz

1 Zucchini schälen, in unregelmäßige, etwa 1 Zentimeter dicke Stücke – Dreiecke, Vierecke, runde Formen – schneiden und diese 5 Stunden im Dörrgerät trocknen lassen. Die Leinsamen-Masse in ein feines Haarsieb geben und gut abtropfen lassen. (Es wird nur der „Schleim" verwendet.) Die 2. Zucchini schälen und in maschinengerechte Stücke schneiden. Diese Stücke, das Mandelpüree und den Leinsamen-„Schleim" im Mixer gut pürieren. Dann die getrockneten Zucchinistückchen dazugeben und das Ganze 1 Stunde ruhen lassen. Die Senfsamen im Mörser zu Pulver zerstoßen. Kurkuma, Senfpulver und Himalajasalz zum „falschen Rührei" geben und gut verrühren.

Vorbereitung: 10 Stunden
Zubereitung: 30 Minuten und 1 Stunde Ruhezeit
Trocknen: 5 Stunden bei 40° C
Haltbarkeit: 0
Geräte: Dörrgerät, Mixer

Kaiserschmarrn*

Zutaten für 2 Portionen

50 g Leinsamen (10 Stunden in ⅜ Liter Quellwasser eingeweicht) ✳ *2 große Äpfel* ✳ *4 Datteln (Halawi oder Khadrawi kristall)* ✳ *100 g Rosinen* ✳ *4 EL rohes Mandelpüree (Bezugsquelle auf Seite 142)* ✳ *½ Zitrone* ✳ *1 Msp. Zimt*

Die Leinsamen-Masse in ein feines Haarsieb abgießen und gut abtropfen lassen (für dieses Rezept brauchen wir nur den „Schleim"). Die Äpfel und die Datteln entkernen. Die Zitrone entsaften. Die Äpfel in kleine Stücke schneiden und mit den Datteln, dem Mandelpüree, dem Leinsamen-„Schleim" und dem Zitronensaft im Mixer zu einer cremigen Masse pürieren. Die Rosinen unterziehen und das Ganze 2 Stunden ruhen lassen. Die Masse danach etwa 2 Zentimeter dick auf ein Backpapier geben und im Dörrgerät 24 Stunden trocknen lassen. Die Masse dabei ab und zu verrühren und wenden. Auf einem hübschen Teller dekorativ anrichten und mit Zimt bestreuen. Lauwarm servieren.

Vorbereitung: 10 Stunden
Zubereitung: 25 Minuten
Trocknen: 24 Stunden bei 40° C
Haltbarkeit: 0
Geräte: Mixer, Dörrgerät

Mein Vorschlag: Dazu passt hervorragend Apfelmus. Dazu 2 Äpfel auf einer Glasreibe fein reiben und dann mit Zitronensaft vermengen.

Käse mit Papayapfeffer und Aprikosenchutney**

Zutaten für 2 Portionen

Für den Käse: *200 g Mandeln (10 Stunden in Quellwasser eingeweicht und gut abgetropft)* ❀ *⅛ l Kanne Brottrunk (Bezugsquelle auf Seite 142)* ❀ *½ TL Himalajasalz* ❀ *½ TL Paprikapulver*

Für das Aprikosenchutney: *8 getrocknete Aprikosen* ❀ *3 Datteln (Halawi oder Khadrawi kristall)* ❀ *4 EL Quellwasser* ❀ *1 Msp. Himalajasalz* ❀ *1 TL Zitronensaft*

Zum Dekorieren: *4 EL ganzer Papayapfeffer* ❀ *1 EL Chiliflocken*

Käse: Von den Mandeln die Haut abziehen. Die abgezogenen Mandeln mit „Kanne Brottrunk" im Mixer zu einer g atten Masse pürieren. Salz und Paprikapulver dazugeben und noch einmal gut verrühren. Das Ganze in ein rundes, nicht sehr hohes Gefäß füllen. (Die Form dieses Gefäßes gibt dem Käse seine Form.) Diese Form ins Dörrgerät geben und 12 Stunden trocknen lassen. (Je länger Sie den Käse trocknen, desto härter wird er.) Den Käse aus der Form herausnehmen und mit Papayapfeffer (Rezept auf Seite 140) und Chiliflocken (Rezept siehe unten, unter „Tipp") verzieren.

Aprikosenchutney: Die Datteln entkernen. Alle Zutaten in den Mixer geben und gut pürieren. Das Chutney einige Minuten durchziehen lassen und danach zum Käse reichen.

Vorbereitung: 10 Stunden
Zubereitung: 1 Stunden
Trocknen: 12 Stunden bei 40° C
Haltbarkeit: gekühlt 2 Tage
Geräte: Mixer, Dörrgerät

Mein Vorschlag: Dazu passen gut „Vollkorn"-Leinsamencracker (Rezept auf Seite 118).

Tipp: Chiliflocken können Sie als Gewürz fertig kaufen oder selbst herstellen. Chilischoten dazu entkernen, Stielansatz entfernen, das Fruchtfleisch als Brunoise klein schneiden und im Dörrgerät 4 Stunden bei 40 Grad C trocknen.

Mozza-Sticks mit Ketchup***

Ergibt 24 Stück

Für den „Käseteig": 100 g Mandeln (10 Stunden in Quellwasser eingeweicht und gut abgetropft) ❀ 100 g Sonnenblumenkerne (10 Stunden in Quellwasser eingeweicht und gut abgetropft) ❀ ⅛ l Kanne Brottrunk (Bezugsquelle auf Seite 142) ❀ 1 EL Olivenöl ❀ 1 TL Himalajasalz

Für die Kruste: 100 g Buchweizen (10 Stunden in Quellwasser eingeweicht und nicht abgetropft! Die Buchweizennüsschen bekommen gerade so viel Wasser, dass sie sich vollsaugen – also nicht zu viel Wasser verwenden!) ❀ 1 TL gemahlener Papayapfeffer (Rezept auf Seite 140) ❀ 1 TL Himalajasalz ❀ 1 Handvoll schwarzer Sesam (wenn gewünscht, weil es schön aussieht!)

„Käseteig": Die braune Haut von den Mandeln abziehen. Dann die Mandeln mit den Sonnenblumenkernen und den übrigen Zutaten in einem Mixer zu einem sehr feinen Mus verarbeiten.

Kruste: Den eingeweichten, nicht abgetropften Buchweizen auf ein Backpapier geben und gut verteilen. Dann im Dörrgerät trocknen lassen (das dauert etwa 24 Stunden). Danach die Buchweizennüsschen in der Küchenmaschine zu Mehl verarbeiten. Den Papayapfeffer, den Sesam und das Himalajasalz dazugeben und gut mit dem „Mehl" vermischen.

Um den „Käseteig" besser verarbeiten zu können, ist es gut, die Arbeitsfläche und die Hände mit kaltem Wasser zu benetzen. Aus dem „Käseteig" etwa 1 Zentimeter dicke Sticks formen. Das „Mehl" für die Kruste auf einer separaten Arbeitsfläche verteilen und die Sticks vorsichtig darin wälzen. Sticks dann mit einer Kuchenschaufel auf ein Backpapier legen und ungefähr 8 Stunden im Dörrgerät trocknen lassen.

Vorbereitung: 10 Stunden
Zubereitung: 1 Stunden
Trocknen: 24 (Buchweizen) und 8 Stunden (Mozza-Sticks) bei 40° C
Haltbarkeit: im Kühlschrank 2 Wochen
Geräte: Mixer, Küchenmaschine, Dörrgerät

Ketchup

Zutaten für 1 Portion

 1 Tomate ❀ 4 Viertel getrocknete Tomaten (Rezept auf Seite 139) ❀ 2 Datteln (Khadrawi) ❀ 1 EL Olivenöl ❀ 1 Msp. Himalajasalz

Die Tomate schälen (wie einen Apfel) und den Stielansatz entfernen. Die Datteln entkernen. Die getrocknete Tomate mit dem Messer in feine Streifen schneiden. Alle Zutaten im Mixer gut pürieren. Die Masse dann etwa 10 Minuten stehen lassen, damit sie eindicken kann. Das Ketchup in einem schönen Gefäß anrichten.

Vorbereitung: 0
Zubereitung: 10 Minuten
Haltbarkeit: im Kühlschrank 3 Tage
Geräte: Mixer

Tipp: Zu den Mozza-Sticks schmecken Salate herrlich, besonders Gurkensalat mit Borretsch.

Gurkensalat *

Zutaten für 2 Portionen

 1 Schlangengurke ❀ 1 TL Himalajasalz ❀ 4 EL Kanne Brottrunk (Bezugsquelle auf Seite 142) ❀ 1 EL rohes Mandelpüree (Bezugsquelle auf Seite 142) ❀ 1 EL Shoyu ❀ 4 EL Olivenöl ❀ 2 EL Edelhefe (Bezugsquelle auf Seite 142) ❀ 10 Blätter Borretsch und einige Blüten vom Borretsch

Die Gurke waschen und in feine Scheiben hobeln. Mit dem Himalajasalz bestreuen und etwa 4 Stunden ruhen lassen. „Kanne Brottrunk" mit Edelhefe, Shoyu, Mandelpüree und Olivenöl im Mixer zu einer cremigen Salatsoße verrühren. Über die Gurkenscheiben geben und das Ganze gut vermengen. Die Borretschblätter fein wiegen und ebenfalls dazugeben. Die Borretschblüten über den Salat streuen.

Vorbereitung: 0
Zubereitung: 15 Minuten
Haltbarkeit: 0
Geräte: Mixer

MozzaLein mit Tomatenragout und Balsamico**

Zutaten für 4 Portionen

***Für den MozzaLein** (Mozza-rella aus **Lein**samen):*
100 g Leinsamen ⊛ 65 ml Quellwasser ⊛ 100 g Man-deln (10 Stunden in Quellwas-ser eingeweicht und danach gut abgetropft) ⊛ 1 TL Himalaja-salz ⊛ 2 Orangen
***Für das Tomatenragout:** 4 frische Tomaten ⊛ 2 Zweiglein Basilikum*
***Für den „Balsamico":** ⅛ l Kanne Brottrunk (Bezugsquelle auf Seite 142) ⊛ 2 getrocknete Pflaumen ⊛ 10 getrocknete Rosinen ⊛ 4 EL Shoyu ⊛ 1 Msp. Himalajasalz*

MozzaLein: Die Leinsamen in der Küchenmaschine zu Mehl verarbeiten. Die Mandeln schälen und die Orangen entsaften. Mandeln und Orangensaft im Mixer sehr fein pürieren. Alle Zutaten zu einem dicken Brei verrühren und 2 Stunden quellen lassen. (Sollte der Brei zu fest sein, etwas Wasser dazugeben.) Kleine Häufchen auf ein Backpapier setzen und etwa 3 Stunden im Dörr-gerät trocknen, bis sie von der Konsistenz her einem Mozzarella ähneln.

Tomatenragout: Die Tomaten wie einen Apfel schälen, die grünen Teile entfernen und das Frucht-fleisch klein schneiden, den Basilikum fein wiegen und alles gut vermengen.

„Balsamico": Die Rosinen und die Pflaumen 5 Stunden in „Kanne Brottrunk" einweichen. Alle Zu-taten im Mixer gut pürieren. Die Flüssigkeit durch ein Haarsieb abgießen und wie Balsamico-Essig verwenden.

Vorbereitung: 10 Stunden
Zubereitung: 15 Minuten
Trocknen: 3 Stunden bei 40° C
Haltbarkeit: im Kühlschrank 2 Tage
Geräte: Küchenmaschine, Mixer, Dörrgerät

Tipp: Tauchen Sie die Kaffeelöffel zwischendurch immer wieder in kaltes Wasser, das ver-hindert, dass die MozzaLein-Masse an den Löffeln klebt.

Panna Nocca mit
Orangen-Mandarinen-Kompott[*]

Zutaten für 4 Portionen

200 g Mandeln (10 Stunden in Quellwasser eingeweicht und gut abgetropft) ⊛ 24 Datteln (Khadrawi) ⊛ 1 Avocado (Lula oder Bacon) ⊛ 2 Orangen ⊛ 1 Vanilleschote
Für das Orangen-Mandari-
nen-Kompott: *8 Orangen ⊛ 4 Mandarinen ⊛ 1 Zitrone ⊛ 100 g helle Rosinen*
Zum Dekorieren: *1 Zweiglein Pfefferminze*

Die Mandeln schälen, die Datteln entkernen und die 2 Orangen entsaften. Die Avocado halbieren, entkernen und das Fruchtfleisch mit dem Löffel aus der Schale heben. Alle Zutaten im Mixer zu einer festen Masse pürieren. Die Vanilleschote aufschneiden, das Mark herauskratzen, zu der Masse geben und alles gut vermengen. 4 Tassen mit Frischhaltefolie auskleiden und die Masse in die Tassen hineindrücken. Mit Folie abdecken und mindestens 2 Stunden im Kühlschrank kalt stellen.

Orangen-Mandarinen-Kompott: 4 Orangen und die Zitrone entsaften. Mit den Rosinen im Mixer zu einer cremigen Soße pürieren. Die restlichen 4 Orangen und die Mandarinen schälen und filetieren, dann in kleinere Stücke schneiden und mit der Soße vermengen.

Die Panna Nocca auf Desserttellern stürzen und mit dem Kompott umlegen, mit Pfefferminze verzieren.

Vorbereitung: 10 Stunden
Zubereitung: 65 Minuten
Haltbarkeit: 0
Geräte: Mixer

... das Salz in der Suppe

Unser Speise- oder Kochsalz besteht aus Natrium und Chlorid, das heißt, es enthält nur zwei von ursprünglich vierundachtzig Elementen, aus denen „natürliches Salz" besteht und die sich auch in unseren Körperflüssigkeiten wiederfinden. Ungefähr 95 Prozent dieses raffinierten Salzes werden in der Industrie verwendet, wo Natriumchlorid benötigt wird, um chemische Abläufe zu steuern. Die restlichen 5 Prozent landen als Haushaltssalz im Lebensmittelhandel – meist in jodierter Form, obgleich die schädlichen Nebenwirkungen dieser Praxis mittlerweile wissenschaftlich nachgewiesen sind.

Welches Salz können Sie nun aber für die Zubereitung Ihrer Nahung verwenden? Meersalz enthält zwar die für unseren Körper lebenswichtigen Elemente, es ist heute jedoch durch die Verschmutzung unserer Meere leider oft zu sehr mit Schadstoffen (besonders von Schwermetallen wie Blei) belastet. Und so empfehle ich Ihnen Kristallsalz aus dem Himalaja, denn es ist in Jahrmillionen unter Druck in den Bergen „herangereift" und frei von Verunreinigungen. Verglichen mit Steinsalz ist dieses Kristallsalz die hochwertigere Form von Natursalz, mit einem heterogenen Gemisch von Mineralien und Spurenelementen. (Unser Blut, unsere Tränen und das Fruchtwasser, in dem der Embryo heranwächst, entsprechen einer 1-prozentigen Lösung dieses Kristallsalzes.) Himalajasalz ist gesund und kann sogar heilungsfördernde Prozesse in unserem Organismus anregen.

Guakamole nach Art des Hauses*

Zutaten für 1 Portion

1 Avocado ⊗ 1 Karotte ⊗ 1 kleine Stange Sellerie ⊗ ½ Paprika ⊗ 1 EL Edelhefe
(Bezugsquelle auf Seite 142) ⊗ 1 TL Shoyu ⊗ 1 Msp. Himalajasalz ⊗ 2 Stängel glatte
Petersilie ⊗ 1 EL „Ω-3-Plus"-Ölmischung (Bezugsquelle auf Seite 142)
Zum Dekorieren: 1 Handvoll Sprossenmix

Die Avocado halbieren, entkernen und das Fruchtfleisch mit dem Löffel aus der Schale heben,
dann mit der Gabel zerdrücken. Die Stange Sellerie klein schneiden. Die Paprika halbieren, entkernen und eine Hälfte in kleine Würfel schneiden. Die Karotte in kleine Würfel schneiden. Die
Petersilienblätter abzupfen und fein wiegen. Alle Zutaten gut miteinander vermengen und die
Guakamole dann mit den Sprossen verzieren.

Vorbereitung: 0 (wenn Sprossen vorrätig sind)
Zubereitung: 20 Minuten
Haltbarkeit: 0
Geräte: 0

Gurkenaufstrich*

Zutaten für 1 Portion

1 Avocado ✹ ¼ Salatgurke ✹ 60 g Sonnenblumenkerne (10 Stunden in Quellwasser eingeweicht und gut abgetropft) ✹ 2 EL Balsamico (Rezept auf Seite 64) ✹ 2 EL Sonnenblumenöl ✹ 1 EL Dillspitzen oder Borretschblätter ✹ 1 Handvoll Petersilienblätter

Salatgurke klein schneiden und mit den Sonnenblumenkernen im Mixer zu einer feinen Paste pürieren. Die Avocado entkernen und das Fruchtfleisch mit einem Löffel aus der Schale heben, dann mit einer Gabel zerdrücken. Die Kräuter fein wiegen. Alle Zutaten gut miteinander vermengen und servieren.

Vorbereitung: 10 Stunden
Zubereitung: 20 Minuten
Haltbarkeit: 0
Geräte: Mixer

Mein Vorschlag: Dazu passt fantastisch Harlekin-Brot (Rezept auf Seite 112).

Hummus mit Pepperoni-Coulis **

Zutaten für 2 Portionen

2 Zucchini ✸ 40 g weißer ungeschälter Sesam ✸ 1 EL rohes Mandelpüree (Bezugs-quelle auf Seite 142) ✸ 1 EL Kanne Brottrunk (Bezugsquelle auf Seite 142) ✸ 1 TL hel-les Miso ✸ 2 Msp. Himalajasalz
Für die Pepperoni-Coulis: *1 Peperoni ✸ 4 EL Olivenöl ✸ 1 Msp. Himalajasalz*

Sesam in der Küchenmaschine zu feinem „Mehl" verarbeiten. Die Zucchini schälen, die Enden abschneiden, in grobe Stücke schneiden. Zucchini mit Mandelpüree, „Kanne Brottrunk", Miso und Himalajasalz im Mixer zu einer festen Creme verarbeiten. Das Sesammehl dazugeben und gut vermengen.

Pepperoni-Coulis: Den Stielansatz entfernen und die Peperoni entkernen. (Vorsicht! Die Finger danach *nicht* an die Augen bringen!) Olivenöl, Peperoni und Salz im Mixer zu Coulis verarbei-ten. Das Mus zum Hummus reichen.

Vorbereitung: 0
Zubereitung: 25 Minuten
Haltbarkeit: im Kühlschrank 2 Tage
Geräte: Küchenmaschine, Mixer

Meerrettichaufstrich*

Zutaten für 2 Portionen

100 g Mandeln (10 Stunden in Quellwasser eingeweicht und gut abgetropft) ✻ *100 g Tomaten* ✻ *ein etwa 10 Zentimeter langes Stück Mairübchen oder weißer Rettich* ✻ *ein etwa 5 Zentimeter langes Stück Meerrettich* ✻ *2 Msp. Himalajasalz*

Die Haut von den Mandeln abziehen. Die Tomaten wie einen Apfel schälen und die Stielansätze entfernen. Das Mairübchen schälen und fein raspeln. Die Mandeln mit den Tomaten im Mixer zu einer feinen Paste pürieren. Dann den Meerrettich schälen und ebenfalls ganz fein raspeln. Alle Zutaten gut miteinander vermengen. (Sie können auch mehr Meerrettich nehmen, wenn Sie einen intensiveren Meerrettichgeschmack wünschen.)

Vorbereitung: 10 Stunden
Zubereitung: 50 Minuten
Haltbarkeit: im Kühlschrank 1 Tag
Geräte: Mixer

Olivencreme*

Ergibt 2 kleine Gläser

20 gesalzene Oliven (Bezugsquelle auf Seite 142) ⊕ 75 g Sesam (10 Stunden in Quell-wasser eingeweicht und gut abgetropft) ⊕ 1 Tomate ⊕ 2 EL Sesamöl ⊕ 1 EL Shoyu ⊕ 1 Handvoll Petersilie

Die Oliven entkernen. Die Tomate wie einen Apfel schälen und den Stielansatz entfernen. Die Petersilienblätter vom Stängel zupfen. Alle Zutaten im Mixer zu einer feinen Creme verarbeiten. In luftdicht verschließbare Gläser füllen und im Kühlschrank aufbewahren.

Vorbereitung: 10 Stunden
Zubereitung: 20 Minuten
Haltbarkeit: im Kühlschrank 3 Tage
Geräte: Mixer

Paste von der Paprika in drei Farben***

Ergibt 3 kleine Gläser

1 gelbe Paprika ⊗ 1 orange Paprika ⊗ 1 rote Paprika ⊗ 3-mal 3 EL Olivenöl ⊗ 1 Zucchini ⊗ 120 g Walnüsse (10 Stunden in Quellwasser eingeweicht und gut abgetropft) ⊗ 3 TL helles Miso ⊗ 3 Datteln ⊗ 1 Handvoll glatte Petersilie ⊗ 3 EL Shoyu ⊗ 6 EL Quellwasser

Die Paprikaschoten entkernen, den Stielansatz entfernen und das Fruchtfleisch in feine Würfel schneiden. Die Stücke der drei Schoten getrennt in je eine flache Keramikschale geben und jeweils mit 3 Esslöffeln Olivenöl beträufeln. Gut vermengen. Die Schalen dann auf den Rost des Dörrgeräts stellen und 24 bis 36 Stunden trocknen lassen. Die Paprikawürfel dabei ab und zu wenden. Die Zucchini schälen und dritteln, die Datteln entkernen und die Petersilie fein wiegen. Die gelbe Paprika mit dem Öl, einem Drittel der Zucchini, einer entkernten Dattel, einem Drittel der Walnüsse, 1 Esslöffel Shoyu, 1 Teelöffel hellem Miso und 2 Esslöffeln Quellwasser im Mixer zu einer feinen Paste pürieren. Ein Drittel der gewiegten Petersilie unterziehen und in ein Einmachglas füllen. Mit den beiden anderen Paprikaschoten in gleicher Weise verfahren.

Vorbereitung: 10 Stunden
Zubereitung: 20 Minuten
Trocknen: 24 bis 36 Stunden bei 40° C
Haltbarkeit: im Kühlschrank etwa 4 Tage
Geräte: Mixer, Dörrgerät

Variation: In die rote Paste können Sie zusätzlich ein wenig sehr fein gewiegte Peperoni geben, in die gelbe Paste 2 Messerspitzen Curry und zur Herstellung der orangefarbenen Paste können Sie statt Wasser den Saft einer Orange verwenden.

Brotaufstrich „SowieLe"*

**Zutaten für 4 Portionen
(So wie Leberwurst)**

200 g Walnüsse (10 Stunden in Quellwasser eingeweicht und gut abgetropft) 🥜 2 Fleischtomaten 🥜 2 EL Shoyu 🥜 20 g Basilikumblätter

Die Walnüsse in einer Küchenmaschine – je nach Geschmack – fein bis grob hacken. (Ergibt feine oder grobe „SowieLe".) Die Fleischtomaten wie einen Apfel schälen, die Stielansätze entfernen und das Fleisch der Tomaten in kleine Würfel (Brunoise) schneiden. Das Tomatenwasser, so gut es geht, abtropfen lassen. Die Nussmasse mit Shoyu und Brunoise gut vermischen. Die Basilikumblätter fein hacken und unter die „SowieLe"-Masse mischen.

Vorbereitung: 10 Stunden
Zubereitung: 30 Minuten
Haltbarkeit: 1 Tag
Geräte: Küchenmaschine

Tipp: „SowieLe" schmeckt köstlich auf einem Stück Pizzabrot. Aus dem Pizzabrot-„Teig" (Rohköstlichkeiten für Genießer, Seite 110) können Sie auch kleine Taler herstellen, auf die Sie je ein Basilikumblatt legen, und dann die „SowieLe" daraufgeben. Das sind sehr leckere Appetithäppchen!

Tomatenaufstrich[*]

Zutaten für 2 Portionen

1 große aromatische Tomate (z. B. Berner Rose) ⊛ 6 Viertel getrocknete Tomaten (Rezept auf Seite 139) ⊛ 50 g Sonnenblumenkerne ⊛ 10 g Rosinen ⊛ 1 EL rohes Mandelpüree (Bezugsquelle auf Seite 142) ⊛ 1 EL Edelhefe (Bezugsquelle auf Seite 142) ⊛ ½ TL Shoyu ⊛ 2 EL Olivenöl ⊛ 1 Handvoll Petersilie

Die getrockneten Tomaten 10 Stunden in wenig Quellwasser einweichen. Dann die frische Tomate wie einen Apfel schälen und den Stielansatz herausschneiden. Alle Zutaten im Mixer pürieren.

Vorbereitung: 10 Stunden
Zubereitung: 15 Minuten
Haltbarkeit: im Kühlschrank 2 Tage
Geräte: Mixer

„Thuna" von der Sonnenblume**

Zutaten für 4 Portionen

100 g Sonnenblumenkerne (10 Stunden in Quellwasser eingeweicht und gut abgetropft) ❀ *150 g Cashewkerne (10 Stunden in Quellwasser eingeweicht und gut abgetropft) oder Makadamianüsse (nicht eingeweicht)* ❀ *2 TL Dulce-Algen* ❀ *2 Zucchini* ❀ *2 EL Senfkörner* ❀ *⅛ l Kanne Brottrunk (Bezugsquelle auf Seite 142)* ❀ *2 EL Shoyu* ❀ *4 EL Rapskernöl* ❀ *2 EL rohes Mandelpüree (Bezugsquelle auf Seite 142)* ❀ *2 Stangen Sellerie* ❀ *Kraut von 2 Silberzwiebeln (wenn gewünscht)*

Die Zucchini waschen, die beiden Enden abschneiden und den Rest in etwa 3 Millimeter dicke Scheiben schneiden. Die Zucchinischeiben im Dörrgerät etwa 6 Stunden trocknen. Die Dulce-Algen in der Küchenmaschine fein mahlen (falls sie noch zu grob sind) und die Sonnenblumenkerne in einem Mixer nicht zu fein pürieren. Die Senfkörner im Mörser zu Pulver zerstoßen. Die Makadamianüsse im Mixer mit „Kanne Brottrunk", Mandelpüree, Dulce-Pulver und Rapskernöl zu einer feinen Masse verarbeiten. Shoyu und die pürierten Sonnenblumenkerne dazugeben und das Ganze gut verrühren. Dann die getrockneten Zucchinischeiben dazugeben und noch einmal vermengen. Das Ganze 24 Stunden im Kühlschrank oder an einem anderen kühlen Ort ruhen lassen. Die Selleriestangen und das grüne Kraut der Silberzwiebeln vor dem Servieren fein schneiden und unter die „Thuna"-Masse geben. Mit gemischtem Salat servieren.

Vorbereitung: 10 Stunden
Zubereitung: 40 Minuten
Trocknen: 6 Stunden bei 40° C
Haltbarkeit: im Kühlschrank 2 Tage
Geräte: Dörrgerät, Mixer, Küchenmaschine

Tipp: Dazu passt das Tomaten-Knusperbrot (Rezept auf Seite 117) gut.

Avo-Riegel**

Ergibt etwa 16 Riegel

200 g Haselnüsse (10 Stunden in Quellwasser eingeweicht und gut abgetropft) ❀ 1 Avo-cado ❀ 60 g getrocknete Tomaten (Rezept auf Seite 139) ❀ 100 g Leinsamen ❀ ¼ l Quell-wasser ❀ 3 EL Tamari ❀ 1 TL Himalajasalz ❀ 1 TL Schabzigerklee ❀ 1 Handvoll glatte Petersilie

Die Tomaten in kleine Würfelchen schneiden. Leinsamen und klein geschnittene Tomaten etwa 5 Stunden in Quellwasser einweichen. Dann die Avocado entkernen und das Fruchtfleisch mit einem Löffel aus der Schale heben, mit einer Gabel zerdrücken und zu der Leinsamen-Tomaten-Masse geben. Die Petersilie fein wiegen. Die Haselnüsse in eine Zellophantüte geben und mit einem Hammer zerkleinern. Alle Zutaten gut vermengen. Die Masse auf einem Backpapier gut 2 Zentimeter dick ausstreichen. Im Dörrgerät 24 Stunden trocknen lassen, danach in etwa 4 mal 10 Zentimeter große Riegel schneiden.

Vorbereitung: 10 Stunden
Zubereitung: 30 Minuten
Trocknen: 24 Stunden bei 40° C
Haltbarkeit: nur einige Tage, denn die Avo-Riegel verlieren sehr schnell den Geschmack
Geräte: Dörrgerät

Karotten-Powerriegel**

Ergibt etwa 20 Riegel

200 g Amaranth (3 Tage in Quellwasser eingeweicht, gespült und gut abgetropft) ❀
200 g Walnüsse (10 Stunden in Quellwasser eingeweicht und gut abgetropft) ❀ *200 g*
Sonnenblumenkerne ❀ *700 g Karotten* ❀ *450 g Tomaten* ❀ *2 Handvoll glatte Petersilie*
❀ *3 EL Edelhefe (Bezugsquelle auf Seite 142)* ❀ *2 EL Shoyu* ❀ *½ TL Himalajasalz*

Die Walnüsse grob hacken. Die Karotten mit dem „Champion Entsafter" raspeln. Die Tomaten wie einen Apfel schälen und die Stielansätze entfernen. Petersilienblätter abzupfen und fein wiegen. Amaranth, Sonnenblumenkerne und Tomaten in einer Küchenmaschine zu Brei verarbeiten. Alle Zutaten in einer Glasschüssel gut vermengen und fingerdick auf einem Backpapier ausstreichen, dann im Dörrgerät 48 Stunden trocknen lassen.

Vorbereitung: 3 Tage
Zubereitung: 45 Minuten
Trocknen: 48 Stunden bei 40° C
Haltbarkeit: im luftdicht verschlossenen Gefäß einige Wochen
Geräte: Keimgerät, „Champion Entsafter", Küchenmaschine, Dörrgerät

Linsen-Kürbiskern-Riegel***

Ergibt etwa 20 Riegel

200 g Linsen (Champagner-linsen; mindestens 3 Tage an-keimen lassen – dann sind die Linsenkeimlinge nicht mehr harnsäurebildend) ❀ *250 g Kürbiskerne (10 Stunden in Quellwasser eingeweicht und gut abgetropft)* ❀ *1 Chilischote (wenn ge-wünscht)* ❀ *2 Tomaten* ❀ *1 Zucchini* ❀ *2 Avocados* ❀ *3 EL Edelhefe (Bezugsquelle auf Seite 142)* ❀ *1 TL Himalajasalz* ❀ *2 TL helles Miso*

Den Stielansatz der Chilischote entfernen, die Schote entkernen und sehr fein wiegen. (Vorsicht! Die Finger danach *nicht* an die Augen bringen!) Die Tomaten wie einen Apfel schälen und die Stielan-sätze entfernen. Die beiden Enden der Zucchini abschneiden und den Rest in kleine Stücke schnei-den. Die Tomaten und die Zucchini im Mixer zu Mus verarbeiten. Die Avocados entkernen, das Fruchtfleisch mit einem Löffel aus der Schale heben und mit einer Gabel zerdrücken. Danach alle Zu-taten in einer Glasschüssel vermischen, die Masse auf einem Backpapier dick ausstreichen und etwa 36 Stunden im Dörrgerät trocknen lassen. Wenn die Masse gut durchgetrocknet ist, in Stücke schnei-den und luftdicht verschlossen aufbewahren.

Vorbereitung: 3 Tage
Zubereitung: 40 Minuten
Trocknen: 36 Stunden bei 40° C
Haltbarkeit: im luftdicht verschlossenen Gefäß 2 bis 3 Monate
Geräte: Mixer, Dörrgerät

Tipp: Die Konsistenz der Riegel wird feiner, wenn die Kürbiskerne vor dem Mischen mit den Linsen in einer Küchenmaschine zerkleinert wurden.

Paprikastangen**

Ergibt etwa 50 Stück

200 g Walnüsse (10 Stunden in Quellwasser eingeweicht und gut abgetropft) 🌰 *100 g Sonnenblumenkerne (10 Stunden in Quellwasser eingeweicht und gut abgetropft)* 🌰 *250 g Makadamianüsse* 🌰 *100 g Rosinen* 🌰 *3 Orangen* 🌰 *1 rote Paprika* 🌰 *4 große Tomaten* 🌰 *10 halbe getrocknete Tomaten* 🌰 *4 TL Paprikapulver* 🌰 *½ TL Chilipulver* 🌰 *2 TL Himalajasalz*

Die Orangen entsaften und mit den Makadamianüssen, den Sonnenblumenkernen und Rosinen im Mixer zu einem nassen „Teig" pürieren. Die Paprika entkernen und in kleine Würfel schneiden. Die Tomaten wie einen Apfel schälen, die Stielansätze entfernen und das Fleisch der Tomaten in kleine Würfel schneiden. Die getrockneten Tomaten im Mixer zerkleinern. Die Walnüsse grob hacken. Alle Zutaten miteinander vermengen und danach 1 Stunde ruhen lassen. Auf einem Backpapier Stangen ausstreichen und im Dörrgerät 24 Stunden trocknen lassen. Nach der Hälfte der Zeit das Backpapier entfernen und die Stangen wenden.

Vorbereitung: 10 Stunden
Zubereitung: 90 Minuten
Trocknen: 24 Stunden bei 40° C
Haltbarkeit: im luftdicht verschlossenen Gefäß einige Wochen
Geräte: Dörrgerät

Zucker – süß wie das Leben?

Zucker wird aus Zuckerrüben gewonnen. Diese werden gewaschen, geschnitzelt und dann ausgelaugt. Der so entstandene Zuckerrübensaft wird durch unterschiedliche Verfahren und die Zugabe verschiedener Substanzen gereinigt, gebleicht, eingedickt ..., wodurch leider auch beinahe alle Vitamine verloren gehen. Zucker – egal ob es sich um weißen oder braunen Zucker, um Fruchtzucker, Rohzucker, Traubenzucker, Milchzucker, Rohrzucker, um Ahornsirup oder Honig handelt – schadet unserem Organismus. Deshalb verwende ich zum Süßen Datteln, Rosinen und andere Trockenfrüchte.

Der Zuckerverbrauch in Deutschland ist hoch: Jeder von uns nimmt heute im Durchschnitt 38 Kilogramm weißen, raffinierten Zucker im Jahr zu sich. Und meist ist uns gar nicht bewusst, wie viel Zucker wir zu uns nehmen, wie viel Zucker beispielsweise in Gummibärchen oder in Cola verborgen ist: In einer Dose Cola sind umgerechnet etwa 15 Zuckerwürfel, in zwei Gummibärchen auch schon 1 Würfel, in 100 Gramm Schokolade 19 und in 450 Gramm Ketchup ganze 45 Zuckerwürfel enthalten. Der Genuss eines Glases der allseits beliebten Nussnougatcreme kann mit dem von ungefähr 80 Zuckerwürfeln gleichgesetzt werden.

Oft findet man heute auf Verpackungen den Hinweis „mit Traubenzucker". Das soll vortäuschen, dass es sich hierbei um hochwertigen Zucker aus Trauben handelt – was allerdings nicht der Fall ist, denn dieser „Traubenzucker" wird auch aus Zuckerrüben, Mais oder Kartoffelstärke gewonnen. Der Hinweis „ohne Zucker" spiegelt ebenfalls falsche Tatsachen vor, denn nach deutschem Lebensmittelrecht sagt er lediglich aus, dass dem Lebensmittel keine Saccharose – das ist die chemische Bezeichnung für Zucker – zugesetzt worden ist. Andere Zuckerarten können enthalten sein, müssen aber nicht genannt werden.

Aprikosenmarmelade*

Zutaten für 2 Portionen

1C halbe getrocknete Aprikosen (10 Stunden in wenig Quellwasser eingeweicht und nicht abgetropft) ❀ *5 frische Aprikosen* ❀ *1 TL Zitronensaft* ❀ *5 helle getrocknete Feigen (Smyrna)* ❀ *1 Msp. Himalajasalz*

Die frischen Aprikosen entkernen. Alle Zutaten im Mixer zu einem feinen Brei pürieren. Wenn er zu dick sein sollte, etwas Quellwasser zugeben. Die Marmelade ein wenig stehen lassen, damit sie eindicken kann.

Vorbereitung: 10 Stunden
Zubereitung: 15 Minuten
Haltbarkeit: im Kühlschrank 2 Tage
Geräte: Mixer

Bananenaufstrich*

Zutaten für 2 kleine Gläser

*1 sehr reife Banane ❀ 100 g getrocknete Zwetschgen ❀ 1 Orange ❀ 1 Msp. Hima-
lajasalz ❀ 1 Msp. Zimt ❀ 1 Vanilleschote*

Die Orange entsaften. Die Zwetschgen klein schneiden und 10 Stunden in dem Orangensaft
einweichen. Dann alle Zutaten im Mixer pürieren und mit den Gewürzen abschmecken. In luftdicht verschließbare Gläser füllen und kühl aufbewahren.

Vorbereitung: 10 Stunden
Zubereitung: 10 Minuten
Haltbarkeit: im Kühlschrank 2 Tage
Geräte: Mixer

Bittere Orangenmarmelade*

Zutaten für 2 Portionen

2 ungespritzte Orangen  5 Datteln (Halawi kristall oder Khadrawi kristall) ⚘ 2 EL Quellwasser ⚘ 1 TL Traubenkernöl

Die äußere, orangefarbene Haut einer Orange abschälen. Das Fruchtfleisch mit der weißen Haut in 3 bis 5 Millimeter dicke Scheiben schneiden und etwa 12 Stunden im Dörrgerät trocknen lassen. Die zweite Orange in gleicher Weise schälen. Die Datteln entkernen. Alle Zutaten im Mixer zu einer Marmelade pürieren, die noch Stückchen enthält.

Vorbereitung: 0
Zubereitung: 15 Minuten
Trocknen: 12 Stunden bei 40° C
Haltbarkeit: im Kühlschrank 2 Tage
Geräte: Dörrgerät, Mixer

Wissenswertes: Die weiße Haut der **Orange** ist reich an Ballaststoffen, aber auch an Vitamin P (Vitamin C mit Zitrus-Bioflavonoiden, Hesperidin, Rutin) und Stoffen, die wie Antibiotika wirken. Deshalb ist sie sehr gesund und sie schmeckt bitter.

Erdbeermarmelade*

Zutaten für 2 Portionen

250 g Erdbeeren ⊛ ½ Zitrone
⊛ 10 helle kristalline Datteln
⊛ 2 TL Apfelkonzentrat (Bezugsquelle auf Seite 142 ⊛
1 TL Traubenkernöl

Die Stiele von den Erdbeeren abzupfen, die Datteln entkernen und die halbe Zitrone entsaften.
Alle Zutaten im Mixer zu einer festen Marmelade pürieren.

Vorbereitung: 0
Zubereitung: 20 Minuten
Haltbarkeit: im Kühlschrank 3 Tage
Geräte: Mixer

Tipps: Da die **Erdbeeren** sehr schnell ihren Geschmack verlieren, sollten Sie diese Marmelade stets frisch zubereiten.
Erdbeeren der Sorte „Senga Sengana" schmecken am aromatischsten. Leider ist diese Sorte
im Handel eher selten zu bekommen, denn sie verdirbt sehr schnell. Vielleicht finden Sie ja
einen Bauern, der diese Sorte anpflanzt und bei dem Sie die Erdbeeren selbst pflücken können. Oder Sie setzen diese Sorte selbst in Ihrem Garten.
Bewahren Sie Erdbeeren niemals im Kühlschrank auf, denn in der Kälte verlieren sie ihr Aroma –
und das schon zwei Stunden nach der Ernte (so ist es kaum verwunderlich, dass importierte
Erdbeeren nach fast gar nichts mehr schmecken).

Heidelbeermarmelade*

Zutaten für 2 Portionen

100 g getrocknete Heidelbeeren ❀ 30 g Rosinen ❀ ⅛ l Quellwasser ❀ 1 EL Trauben-kernöl

Alle Zutaten im Mixer zu einer homogenen Masse pürieren. Vor dem Verzehren ½ Stunde ruhen lassen.

Vorbereitung: 0
Zubereitung: 5 Minuten und 30 Minuten Ruhezeit
Haltbarkeit: im Kühlschrank 3 Tage
Geräte: Mixer

Tipp: Sie können diese Marmelade natürlich auch mit frischen Heidelbeeren herstellen. Lassen Sie dann einfach das Quellwasser weg.

Mandella*

Zutaten für 1 Portion

1 EL rohes Mandelpüree (Bezugsquelle auf Seite 142) ❀ *1 EL rohes Schokoladenpulver (Bezugsquelle auf Seite 142)* ❀ *5 Datteln (Khadrawi kristall)*

Die Datteln entkernen und alle Zutaten im Mixer gut pürieren – fertig ist der leckere Schokoladenaufstrich.

Vorbereitung: 0
Zubereitung: 10 Minuten
Haltbarkeit: im luftdicht verschlossenen Gefäß 3 Tage
Geräte: Mixer

Mein Vorschlag: Dazu schmeckt „Knäckebrot" (Rezept auf Seite 114) fantastisch.

Wissenswertes: Der **Mandelbaum** gehört zur Familie der Rosengewächse *(Rosaceae)*, deren Früchte graue, länglich-eiförmige Steinfrüchte – also botanisch gesehen *keine* Nüsse – mit einer rauen lederartigen Fruchtschale sind. In den harten Schalen der Steine sitzen die Mandeln, die Kalzium und Phosphor in einem idealen Verhältnis enthalten: 245 Milligramm Kalzium auf 475 Milligramm Phosphor und 4,4 Milligramm Eisen. Nach Edgar Cayce enthält die Mandel mehr Phosphor und Eisen als Nüsse und das in einer Form, die unser Körper leicht aufnehmen kann. Essen Sie täglich eine Mandel und in Ihrem Körper werden sich kaum Tumore bilden können.

Pflaumenmus*

Zutaten für 2 Portionen

10 getrocknete Zwetschgen (Rezept auf Seite 140) ⚬ 10 frische Zwetschgen ⚬ 8 Datteln (Halawi kristall oder Khadrawi kristall) ⚬ ⅛ l Quellwasser • ½ TL Zimt ⚬ 1 EL Traubenkernöl

Die getrockneten Zwetschgen 10 Stunden in Quellwasser einweichen. Die getrockneten und die frischen Zwetschgen entkernen. Die Datteln ebenfalls entkernen. Alle Zutaten mit dem Einweichwasser im Mixer zu Mus pürieren.

Vorbereitung: 10 Stunden
Zubereitung: 15 Minuten
Haltbarkeit: im Kühlschrank 3 Tage
Geräte: Mixer

Tipp: Dieses Pflaumenmus können Sie auch nur aus frischen Zwetschgen herstellen. Lassen Sie dann das Einweichwasser weg. Und wenn Sie das Mus nur mit getrockneten Früchten machen möchten, nehmen Sie einfach mehr Quellwasser zum Einweichen.

Preiselbeerkonfitüre*

Zutaten für 2 kleine Gläser

*250 g reife, verlesene Prei-
selbeeren* ✿ *20 Datteln (Halawi oder Khadrawi kristall)*
✿ *2 TL Apfelkonzentrat (Bezugsquelle auf Seite 142)* ✿
½ Zitrone ✿ *1 Msp. Himalajasalz*

Die Datteln entkernen. Die Preiselbeeren im Mixer pürieren und das Fruchtfleisch der Datteln und den Saft der halben Zitrone dazugeben. Wenn die Datteln zerkleinert sind, die Masse auf kleiner Stufe so lange pürieren, bis eine homogene Masse entsteht. Die Konfitüre in kleine Schraubgläser füllen und im Kühlschrank aufbewahren.

Vorbereitung: 0
Zubereitung: 10 Minuten
Haltbarkeit: im Kühlschrank 5 Tage
Geräte: Mixer

Wissenswertes: Preiselbeeren enthalten organische Säuren, die konservierend wirken. In Schraub- oder Weckgläsern halten sich Preiselbeeren deshalb ohne weitere Konservierung den ganzen Winter lang. So können Sie in der Winterzeit – wenn es wenig frische Früchte gibt – immer eine köstliche Konfitüre herstellen.

Fruchtgummis mit Ananas[*]

Ergibt etwa 50 Stück

1 Ananas ❀ 2 Bananen ❀ 2 Orangen

Tipp: Sie können für diese Fruchtgummis alle Früchte verwenden – probieren Sie aus, welche Kombinationen Ihnen und Ihren Kindern am besten schmecken!

Die Früchte schälen, Orangen entkernen und alle Früchte im Mixer gut pürieren. Diesen Brei mit einem Kaffeelöffel tropfenweise auf ein Backpapier geben – die Kleckse sollten etwa ½ Zentimeter hoch sein und ungefähr 1 Zentimeter Durchmesser haben. Die Fruchtgummi-Masse im Dörrgerät etwa 20 Stunden trocknen lassen. Die Kleckse vom Papier nehmen (achten Sie dabei darauf, dass sie auch tatsächlich trocken sind, sonst kleben sie noch am Papier fest!) und zu Dreiecken formen. So entsteht ein gesunder und köstlicher Fruchtgummi!

Vorbereitung: 0
Zubereitung: 20 Minuten
Trocknen: 20 Stunden bei 40° C
Haltbarkeit: im luftdicht verschlossenen Gefäß einige Monate
Geräte: Mixer, Dörrgerät

Fruchtgummis mit Papaya[*]

Ergibt etwa 50 Stück

1 Papaya ❀ 2 Bananen ❀ 2 Äpfel

Alle Früchte schälen und entkernen (die Kerne der Papaya für Papayapfeffer beiseite legen, Rezept auf Seite 140), in den Mixer geben und gut pürieren. Den Brei mit einem Kaffeelöffel tropfenweise auf ein Backpapier geben. Die Kleckse sollten etwa ½ Zentimeter dick sein und ungefähr 1 Zentimeter Durchmesser haben. Die Fruchtgummi-Masse im Dörrgerät etwa 20 Stunden trocknen lassen, danach vom Papier nehmen (achten Sie dabei darauf, dass die Kleckse auch tatsächlich trocken sind, sonst kleben sie am Papier fest!) und formen. So entsteht ein gesunder und köstlicher Fruchtgummi!

Vorbereitung: 0
Zubereitung: 20 Minuten
Trocknen: 20 Stunden bei 40° C
Haltbarkeit: im luftdicht verschlossenen Gefäß einige Monate
Geräte: Mixer, Dörrgerät

Haselnussschokolade*

Ergibt etwa 6 Täfelchen

25 Datteln · 5 EL rohes Schokoladenpulver (Bezugsquelle auf Seite 142) · 2 EL rohes Mandelpüree (Bezugsquelle auf Seite 142) · 100 g Haselnüsse (10 Stunden in Quellwasser eingeweicht und gut abgetropft)

Die Haselnüsse etwa 24 Stunden im Dörrgerät trocknen lassen. Die Datteln entkernen. Alle Zutaten mit den Händen gut verkneten und dann zu kleinen Schokoladentäfelchen formen.

Vorbereitung: 10 Stunden
Zubereitung: 45 Minuten
Trocknen: 24 Stunden bei 40° C
Haltbarkeit: 2 bis 3 Wochen
Geräte: Dörrgerät

Karamellbonbons*

Ergibt etwa 20 Stück

25 Datteln (eine Sorte, die klebrig ist, wie z. B. Berem)

Die entkernten Datteln mit der Hand gut durchkneten und aus der Masse eine 1 Zentimeter dicke „Scheibe" formen, in Quadrate schneiden und dann einzeln in Bonbonpapier einwickeln.

Vorbereitung: 0
Zubereitung: 20 Minuten
Haltbarkeit: 2 bis 3 Wochen
Geräte: 0

Marzipankugeln mit Schokoüberzug**

Ergibt etwa 40 Stück

100 g Mandeln (10 Stunden im Quellwasser eingeweicht und gut abgetropft) • 100 g Datteln • 1 EL Rosenwasser • 1 EL rohes Schokoladenpulver (Bezugsquelle auf Seite 142)

Die Mandeln häuten, die Datteln entkernen und mit den abgezogenen Mandeln und dem Rosenwasser im Mixer zu einer glatten Masse pürieren. Diese etwa 1 Zentimeter dick auf einem Backpapier ausstreichen und im Dörrgerät so lange trocknen lassen, bis sie nicht mehr an den Händen klebt (das dauert etwa 6 Stunden). Aus der Masse kleine Kugeln formen und in rohem Schokoladenpulver wälzen.

Vorbereitung: 10 Stunden
Zubereitung: 45 Minuten
Trocknen: 6 Stunden bei 40° C
Haltbarkeit: 5 Tage
Geräte: Mixer, Dörrgerät

Oli-Schocki*

Ergibt etwa 25 Stück

6 Datteln ❀ 6 Oliven ❀ 140 g Banane

Datteln und Oliven entkernen, mit der Banane in einen Mixer geben und zu einer glatten Masse pürieren. Die Masse in einem Quadrat etwa 2 Zentimeter dick auf ein Backpapier streichen, im Dörrgerät ungefähr 24 Stunden trocknen lassen. Dann das Backpapier abziehen und die Schocki-„Scheibe" weitere 24 Stunden trocknen lassen. Danach in 1 Zentimeter große Würfel schneiden und – wenn gewünscht – erneut trocknen lassen. Je länger Sie die Schockis trocknen, desto härter werden sie.

Vorbereitung: 0
Zubereitung: 20 Minuten
Trocknen: 48 Stunden bei 40° C
Haltbarkeit: im luftdicht verschlossenen Gefäß einige Wochen
Geräte: Mixer, Dörrgerät

Saure Drops*

Ergibt etwa 20 Stück

3 Äpfel (am besten Elstar) ● *1 große Zitrone* ● *5 Datteln (Khadrawi kristall)*

Die Äpfel schälen, das Kerngehäuse entfernen, die Datteln entkernen und beides mit dem Saft der Zitrone im Mixer gut pürieren. Das Mus auf ein Backpapier geben und etwa 1 Zentimeter dick ausstreichen. Im Dörrgerät so lange trocknen lassen, bis es nicht mehr an den Fingern klebt (das dauert ca. 6 Stunden). Dann Drops aus der Masse formen und diese im Dörrgerät vollständig trocknen lassen – das dauert etwa 30 Stunden. Danach die Drops einzeln in Bonbonpapier einwickeln.

Vorbereitung: 0
Zubereitung: 5 Minuten
Trocknen: 6 Stunden (Mus) und 30 Stunden (Drops) bei 40° C
Haltbarkeit: im luftdicht verschlossenen Gefäß einige Wochen
Geräte: Mixer, Dörrgerät

Schokoladenfudge*

Ergibt etwa 20 Stück

25 Datteln (am besten eine Sorte, die klebrig ist, z. B. Berem) 5 EL rohes Schokoladenpulver (Bezugsquelle auf Seite 142)

Die entkernten Datteln mit dem Schokoladenpulver so lange mit der Hand kneten, bis eine homogene Masse entstanden ist. Daraus eine 1 Zentimeter dicke „Scheibe" formen und diese in rechteckige Stücke schneiden.

Vorbereitung: 0
Zubereitung: 30 Minuten
Haltbarkeit: 2 bis 3 Wochen
Geräte: 0

Erdbeerriegel*

Ergibt etwa 30 Riegel

300 g Erdbeeren ⊛ 50 g getrocknete Maulbeeren (10 Stunden in Quellwasser einge-weicht und gut abgetropft) ⊛ 50 g getrocknete Maulbeeren (nicht eingeweicht!) ⊛ 50 g Rosinen (10 Stunden in Quellwasser eingeweicht und gut abgetropft) ⊛ 50 g Walnüsse (10 Stunden in Quellwasser eingeweicht und gut abgetropft) ⊛ 100 g Sonnenblumen-kerne (10 Stunden in Quellwasser eingeweicht und gut abgetropft) ⊛ 15 Datteln (Berem)

Die Datteln entkernen. 200 Gramm Erdbeeren, 50 Gramm eingeweichte Maulbeeren, Wal-nüsse, Sonnenblumenkerne, Rosinen und Datteln in einer Küchenmaschine zu einem nassen „Teig" verarbeiten. Die nicht eingeweichten Maulbeeren und die restlichen klein geschnittenen Erd-beeren hinzugeben und alles noch einmal gut vermengen. Auf Backpapier rechteckige, etwa ½ Zentimeter dicke Riegel ausstreichen. Diese im Dörrgerät 24 Stunden trocknen lassen.

Vorbereitung: 10 Stunden
Zubereitung: 95 Minuten
Trocknen: 24 Stunden bei 40° C
Haltbarkeit: im luftdicht verschlossenen Gefäß 3 Wochen
Geräte: Küchenmaschine, Dörrgerät

Knusprige Papayaherzen**

Ergibt etwa 50 Stück

200 g Walnüsse (10 Stunden in Quellwasser eingeweicht und gut abgetropft) ✿ *200 g Mandeln (10 Stunden in Quellwasser eingeweicht und gut abgetropft)* ✿ *100 g Buchweizen (3 Stunden gut bedeckt in Quellwasser eingeweicht und nicht abgetropft)* ✿ *2 reife Papayas* ✿ *2 süße große Birnen* ✿ *3 Orangen* ✿ *200 g Sultaninen* ✿ *20 Datteln*

Die Walnüsse grob hacken. Die Mandeln im Mixer zu feinem Mus pürieren. Die Birnen entkernen und in sehr kleine Stücke schneiden. Die Papayas halbieren, die Kerne herauslöffeln, die Frucht schälen und in grobe Stücke schneiden. Die Datteln entkernen und mit der Hälfte der Sultaninen in einer Küchenmaschine zu Mus verarbeiten. Die Orangen entsaften. Alle Zutaten gut vermengen. Die Masse etwa ½ Zentimeter dick auf ein Backpapier streichen und im Dörrgerät 24 Stunden trocknen lassen. Nach der Hälfte der Zeit das Backpapier entfernen und mit einer Ausstechform aus dem „Teig" Herzen ausstechen. Die Herzen wenden und weiter trocknen lassen.

Vorbereitung: 10 Stunden
Zubereitung: 45 Minuten
Trocknen: 24 Stunden bei 40° C
Haltbarkeit: im luftdicht verschlossenen Gefäß 2 Monate
Geräte: Mixer, Küchenmaschine, Dörrgerät

Ergibt etwa 80 Stück

400 g Walnüsse und 200 g Sonnenblumenkerne (jeweils 10 Stunden in Quellwasser eingeweicht und gut abgetropft) ⊛ *200 g Mandeln (nicht eingeweicht!)* ⊛ *60 g Johannisbrotschote* ⊛ *4 Orangen* ⊛ *400 g Rosinen* ⊛ *3 winterliche Äpfel (etwa Elstar oder Boskop)* ⊛ *50 g Kokosfett (Bezugsquelle auf Seite 142)* ⊛ *2 EL Lebkuchengewürz* ⊛ *1 EL Zimt*
Zum Dekorieren: *1 Handvoll Mandeln*

Die Johannisbrotschote entkernen, die Enden entfernen und die Schote in der Küchenmaschine zu Mehl verarbeiten. Die Mandeln ebenfalls zu Mehl verarbeiten. Die Orangen entsaften, den Saft über das Johannisbrot-Mandel-Mehl geben und das Ganze gut verrühren. Die Sonnenblumenkerne mit den Rosinen im Mixer pürieren und unter die Mischung geben, sodass ein „Teig" entsteht. Die Äpfel schälen, fein raspeln und mit den grob gehackten Walnüssen, den Gewürzen und dem Kokosfett zu der Masse geben und gut durchrühren. Den „Teig" 1 Stunde bei Zimmertemperatur ruhen lassen. Lebkuchen auf ein Backpapier setzen, mit halben Mandeln verzieren und im Dörrgerät 24 Stunden trocknen lassen. Nach der Hälfte der Zeit das Backpapier entfernen und die Lebkuchen wenden.

Vorbereitung: 10 Stunden
Zubereitung: 120 Minuten
Trocknen: 24 Stunden bei 40° C
Haltbarkeit: im luftdicht verschlossenen Gefäß 2 Monate
Geräte: Mixer, Küchenmaschine, Dörrgerät

Mandel-Vollnussriegel*

Ergibt etwa 40 Riegel

350 g Mandeln (10 Stunden in Quellwasser eingeweicht und gut abgetropft) ❀ 250 g Sonnenblumenkerne (10 Stunden in Quellwasser eingeweicht und gut abgetropft) ❀ 250 g Buchweizen (10 Stunden in Quellwasser eingeweicht und nicht abgetropft) ❀ 600 g Rosinen ❀ ⅜ l Quellwasser

Die Rosinen etwa 5 Stunden in dem Quellwasser einweichen und danach mit dem Wasser im Mixer zu einem glatten Brei pürieren. Rosinenmus, abgetropfte Mandeln, abgetropfte Sonnenblumenkerne und nicht abgetropften Buchweizen gut miteinander vermengen. Die Masse dann auf einem Backpapier 1 Zentimeter dick entweder in Riegelgröße (etwa 3 mal 6 Zentimeter) ausstreichen oder ein Backpapier ganz mit der Masse bestreichen, im Dörrgerät etwa 48 Stunden trocknen lassen und die Riegel danach schneiden.

Vorbereitung: 10 Stunden
Zubereitung: 20 Minuten
Trocknen: 48 Stunden bei 40° C
Haltbarkeit: einige Monate
Geräte: Mixer, Dörrgerät

Variationen: Statt Mandeln können Sie auch Haselnüsse verwenden. Und einen anderen Geschmack zaubern Sie mit 3 Esslöffeln rohem Schokoladenpulver (Bezugsquelle auf Seite 142), das in die Hälfte des „Teigs" eingearbeitet wird. Auf diese Weise erhalten Sie zwei geschmacklich unterschiedliche Riegel.

Müsliriegel**

Ergibt etwa 20 Riegel

200 g Hafer (3 Tage in Quellwasser angekeimt, gespült und gut abgetropft) ✿ *200 g Sonnenblumenkerne (10 Stunden in Quellwasser eingeweicht und gut abgetropft)* ✿ *300 g Haselnusskerne (10 Stunden in Quellwasser eingeweicht und gut abgetropft)* ✿ *200 g getrocknete Feigen (10 Stunden in gut ⅛ Liter Quellwasser einweichen)* ✿ *200 g getrocknete Aprikosen (10 Stunden in gut ⅛ Liter Quellwasser einweichen)* ✿ *200 g Rosinen* ✿ *5 große Äpfel*

Die Feigen und die Aprikosen aus dem Einweichwasser nehmen und in Streifen schneiden. Diese Zutaten in eine große Glasschüssel geben. Die Rosinen mit dem Einweichwasser der Feigen und Aprikosen im Mixer pürieren. Die Sonnenblumenkerne und den Hafer ebenfalls im Mixer zu einem „Teig" pürieren. Die Haselnüsse in eine Zellophantüte geben und mit dem Hammer zerkleinern. Die Äpfel entkernen und in kleine Stücke schneiden. Alle Zutaten in der Glasschüssel gut vermengen. Den „Teig" etwa 1 Stunde ruhen lassen, dann fingerdick auf einem Backpapier ausstreichen und 3 Tage im Dörrgerät trocknen lassen.

Vorbereitung: 3 Tage
Zubereitung: 50 Minuten
Trocknen: 3 Tage bei 40° C
Haltbarkeit: im luftdicht verschlossenen Gefäß einige Wochen
Geräte: Keimgerät, Mixer, Dörrgerät

Sesamcracker*

Ergibt etwa 30 Stück

200 g ungeschälter Sesam (10 Stunden in Quellwasser eingeweicht und gut abgetropft) ✿ 2 reife Bananen ✿ 50 g Rosinen

Die Bananen schälen und mit einer Gabel zu einem glatten Brei zerdrücken. Die Rosinen ganz fein wiegen. Alle Zutaten in einer Schüssel gut vermengen und dann etwa 1 Zentimeter dick auf einem Backpapier ausstreichen. Im Dörrgerät 10 Stunden trocknen lassen, in „Cracker" schneiden.

Vorbereitung: 10 Stunden
Zubereitung: 20 Minuten
Trocknen: 10 Stunden bei 40° C
Haltbarkeit: einige Wochen
Geräte: Dörrgerät

Tipp: Diese Masse klebt gern am Backpapier. Nehmen Sie ein spitzes Messer zur Hilfe und schieben Sie es vorsichtig zwischen Papier und Sesammasse – so lassen sich die Cracker besser lösen. Die Mühe lohnt sich!

Anisbeignets[*]

Ergibt etwa 20 Stück

200 g Mandeln (10 Stunden in Quellwasser eingeweicht und gut abgetropft) ⊛ 4 EL rohes Mandelpüree (Bezugsquelle auf Seite 142) ⊛ 10 Datteln (Halawi kristall oder Khadrawi kristall) ⊛ 1 TL Anispulver ⊛ 1 EL Traubenkernöl

Die Haut von den Mandeln abziehen und 20 Mandeln beiseite legen. Die Datteln entkernen und alle Zutaten im Mixer zu einer glatten Masse pürieren. Aus diesem „Teig" kleine Häufchen auf ein Backpapier setzen und in die Mitte jeweils eine ganze Mandel drücken. 12 Stunden im Dörrgerät trocknen lassen.

Vorbereitung: 10 Stunden
Zubereitung: 65 Minuten
Trocknen: 12 Stunden bei 40° C
Haltbarkeit: im luftdicht verschlossenen Gefäß 1 Monat
Geräte: Mixer, Dörrgerät

Aprikosenhäufchen**

Ergibt etwa 60 Stück

100 g Hafer (3 Tage in Quellwasser angekeimt, gespült und gut abgetropft) ❀ ¼ l Quellwasser ❀ 300 g frische Aprikosen ❀ 200 g getrocknete Aprikosen ❀ 3 Orangen ❀ 200 g Mandeln

Die Orangen entsaften. Den Hafer und die getrockneten Aprikosen mit dem Orangensaft im Mixer zu Brei verarbeiten. Die frischen Aprikosen entkernen und in etwa 1 Zentimeter große Stückchen schneiden. Die Mandeln grob hacken. Alle Zutaten gut vermischen und aus der Masse kleine Häufchen auf ein Backpapier setzen. Die Aprikosenhäufchen im Dörrgerät 24 Stunden trocknen lassen.

Vorbereitung: 3 Tage
Zubereitung: 60 Minuten
Trocknen: 24 Stunden bei 40° C
Haltbarkeit: im luftdicht verschlossenen Gefäß einige Wochen
Geräte: Keimgerät, Mixer, Dörrgerät

Bitterorangen-Makronen**

Ergibt etwa 80 Stück

200 g Haselnüsse (10 Stunden in Quellwasser eingeweicht und gut abgetropft) ❀ *300 g Rosinen* ❀ *200 g Sonnenblumenkerne* ❀ *100 g frisches Kokosfleisch* ❀ *7 Orangen* ❀ *¼ TL Himalajasalz* ❀ *100 g Hanfnüsschen (Bezugsquelle auf Seite 142; 10 Stunden in Quellwasser eingeweicht und gut abgetropft) oder 100 g Buchweizen (10 Stunden in Quellwasser eingeweicht und nicht abgetropft)*

3 Orangen entsaften und mit 100 Gramm Rosinen pürieren. Die Sonnenblumenkerne in der Küchenmaschine zu Mehl verarbeiten und gut mit dem Orangensaft-Rosinen-Gemisch vermengen. Die Masse 2 Stunden stehen lassen. Das Kokosfleisch im „Champion Entsafter" raspeln. Die restlichen Orangen schälen, filetieren und in kleine Stücke schneiden. Die Haselnüsse grob hacken (am besten in eine Zellophantüte geben und mit dem Hammer zerkleinern). Zutaten gut vermischen und von der Masse kleine Häufchen auf ein Backpapier setzen. Die Makronen im Dörrgerät 48 Stunden trocknen lassen. Nach der Hälfte der Zeit das Backpapier entfernen und die Makronen wenden.

Vorbereitung: 10 Stunden
Zubereitung: 90 Minuten
Trocknen: 48 Stunden bei 40° C
Haltbarkeit: im luftdicht verschlossenen Gefäß einige Wochen
Geräte: Mixer, Küchenmaschine, „Champion Entsafter", Dörrgerät

Heidelbeerkonfekt**

Ergibt etwa 60 Stück

100 g Walnüsse und 100 g Mandeln (jeweils 10 Stunden in Quellwasser eingeweicht und gut abgetropft) ⊛ *100 g Rosinen* ⊛ *50 g Leinsamen* ⊛ *¼ l Quellwasser* ⊛ *8 Äpfel* ⊛ *300 g Heidelbeeren* ⊛ *3 Karotten* ⊛ *30 Datteln* ⊛ *3 EL Olivenöl* ⊛ *150 g Kokosflocken* ⊛ *2 Zitronen* ⊛ *½ TL Himalajasalz*

3 Äpfel entkernen, in feine Würfel schneiden und 8 Stunden bei 40 Grad C im Dörrgerät trocknen lassen. Die Leinsamen in der Küchenmaschine zu Mehl verarbeiten und dieses 2 Stunden im Quellwasser einweichen. Die Zitronen entsaften. Die restlichen 5 Äpfel und die Karotten fein raspeln und mit dem Zitronensaft übergießen. Mandeln und Rosinen in einer Küchenmaschine pürieren. Die Walnüsse grob hacken. Die Datteln entkernen und im Mixer zu Mus verarbeiten. Alle Zutaten gut miteinander vermengen und aus der Masse kleine, dünne Küchlein auf ein Backpapier setzen. Das Konfekt 24 Stunden im Dörrgerät trocknen lassen.

Vorbereitung: 10 Stunden
Zubereitung: 90 Minuten
Trocknen: 8 Stunden (Apfelstücke) und 24 Stunden (Konfekt) bei 40° C
Haltbarkeit: im luftdicht verschlossenen Gefäß 1 Monat
Geräte: Küchenmaschine, Mixer, Dörrgerät

Wissenswertes: Heidelbeeren enthalten besonders viel Eisen, Mangan, Natrium, Kalzium und Flavonoide. Den Beeren und dem daraus gewonnenen Nektar wird eine entschlackende Wirkung zugeschrieben. Getrocknete Heidelbeeren (langsam und gründlich gekaut oder als Teeaufguss) wirken Durchfall (wenn er nicht von Viren verursacht ist) und Magenverstimmungen entgegen. Bei Erkrankungen der Netzhaut können Arzneien aus Heidelbeeren ebenfalls wirksam sein.

Schneckennudeln mit Johannisbeersoße[***]

Zutaten für 1 Portion

Für den „Teig": 200 g Gerste (3 Tage in Quellwasser angekeimt, gespült und gut abgetropft) ❀ 50 g Rosinen ❀ 1 TL Zimt
Für die Füllung: 50 g Korinthen ❀ 1 TL frische Ingwerwurzel ❀ etwas Quellwasser
Für die Soße: 100 g Johannisbeeren ❀ 50 g Korinthen ❀ 1 TL Zimt

„Teig": Gerstenkörner und Rosinen im Mixer zu einer geschmeidigen Masse verarbeiten, Zimt dazugeben und die Masse gut durchkneten. Kleine Brötchen oder Schneckennudeln aus dem „Teig" formen.

Füllung: Korinthen, Ingwer und eventuell etwas Quellwasser in einem Mixer zur Füllung verarbeiten und die Schnecken damit bestreichen. Die Schnecken danach 10 Stunden im Dörrgerät trocknen lassen.

Soße: Johannisbeeren, Korinthen und Zimt im Mixer zu einer Soße pürieren. Die übrig gebliebene Füllung ebenfalls unterrühren.

Vorbereitung: 3 Tage
Zubereitung: 60 Minuten
Trocknen: 10 Stunden bei 40° C
Haltbarkeit: 2 Tage
Geräte: Keimgerät, Dörrgerät, Mixer

Schokoladentörtchen mit Früchten**

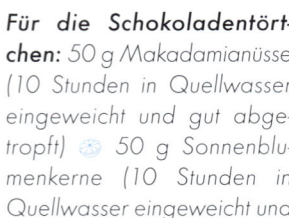

Ergibt etwa 10 Stück

Für die Schokoladentörtchen: 50 g Makadamianüsse (10 Stunden in Quellwasser eingeweicht und gut abgetropft) ❀ 50 g Sonnenblumenkerne (10 Stunden in Quellwasser eingeweicht und gut abgetropft) ❀ 100 g Walnüsse (10 Stunden in Quellwasser eingeweicht und gut abgetropft) ❀ 20 ungesalzene getrocknete Oliven (Bezugsquelle auf Seite 142) ❀ 20 Datteln (Khadrawi) ❀ 3 Johannisbrotschoten ❀ ⅛ l Quellwasser

Für den Belag: Nehmen Sie Früchte Ihrer Wahl. Köstlich schmecken dazu: Bananen, Ananas, Orangen, Erdbeeren, Himbeeren ...

Schokoladentörtchen: Datteln, Johannisbrotschoten und Oliven entkernen. Die Johannisbrotschoten in der Küchenmaschine zu Mehl verarbeiten und das Johannisbrotmehl mit Datteln und Oliven im Mixer zu „Schokolade" verarbeiten. (Geben Sie einfach ein wenig mehr Johannisbrotmehl hinzu, wenn Ihnen die „Schokolade" zu bitter ist.) Die Makadamianüsse und die Sonnenblumenkerne im Mixer fein pürieren. Die Walnüsse nach Belieben grob oder fein hacken. Alle Zutaten gut miteinander vermengen und aus der Masse etwa 1 Zentimeter dicke Böden von ungefähr 10 Zentimetern Durchmesser für die Törtchen formen. Die Tortenböden auf einem Backpapier im Dörrgerät ungefähr 16 Stunden trocknen lassen.

Belag: Das Obst waschen, dekorativ schneiden und die Tortenböden damit belegen. Reichen Sie dazu „Sauercreme" (Rezept auf Seite 54) – das ist ein Traum!

Vorbereitung: 10 Stunden
Zubereitung: 90 Minuten
Trocknen: 16 Stunden bei 40° C
Haltbarkeit: 0
Geräte: Küchenmaschine, Mixer, Dörrgerät

Zimt-Bananen-Kekse*

Ergibt etwa 60 Stück

200 g Walnüsse (10 Stunden in Quellwasser eingeweicht und gut abgetropft) ⚬ *100 g Sonnenblumenkerne (10 Stunden in Quellwasser eingeweicht und gut abgetropft)* ⚬ *100 g Rosinen* ⚬ *2 Bananen* ⚬ *2 Äpfel* ⚬ *20 Datteln (Fersi)* ⚬ *1 Vanilleschote* ⚬ *½ EL Zimt*

Die Walnüsse grob hacken oder mit der Hand in Stücke brechen. Rosinen, Sonnenblumenkerne und Datteln im Mixer pürieren. Die Äpfel fein raspeln und die Bananen schälen und mit der Gabel zerdrücken. Die Vanilleschote aufschlitzen und das Mark herauskratzen. Alle Zutaten zu einer geschmeidigen Masse verarbeiten. Aus dem „Teig" runde Kekse auf ein Backpapier setzen und diese 24 Stunden im Dörrgerät trocknen lassen. Nach der Hälfte der Zeit das Backpapier entfernen und die Kekse wenden.

Vorbereitung: 10 Stunden
Zubereitung: 70 Minuten
Trocknen: 24 Stunden bei 40° C
Haltbarkeit: im luftdicht verschlossenen Gefäß 2 Monate
Geräte: Mixer, Dörrgerät

Zimtsterne**

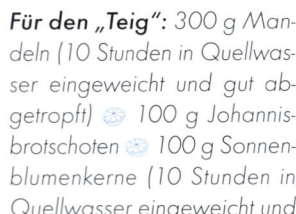

Ergibt etwa 75 Stück

Für den „Teig": *300 g Mandeln (10 Stunden in Quellwasser eingeweicht und gut abgetropft)* ❄ *100 g Johannisbrotschoten* ❄ *100 g Sonnenblumenkerne (10 Stunden in Quellwasser eingeweicht und gut abgetropft)* ❄ *100 g rote Trauben* ❄ *10 Datteln* ❄ *100 g dunkle Rosinen* ❄ *1 EL Zimt*
Für den Belag: *100 g Buchweizen (10 Stunden in Quellwasser eingeweicht – so einweichen, dass der Buchweizen gut bedeckt ist –, nicht abtropfen lassen)* ❄ *100 g Mandeln (10 Stunden in Quellwasser eingeweicht und gut abgetropft)* ❄ *100 g helle Rosinen*

„Teig": Die Trauben (mit der Hand) entkernen, die Datteln ebenfalls entkernen. Die eingeweichten Mandeln, die entkernten Trauben, die dunklen Rosinen und die entkernten Datteln im Mixer zu einem weichen „Teig" verarbeiten. Die Johannisbrotschote entkernen und in der Küchenmaschine zu Mehl verarbeiten. Die Sonnenblumenkerne im Mixer zu Mus verarbeiten. Den Zimt zugeben. Alle Zutaten gut miteinander vermengen und 1 Stunde ruhen lassen.

Belag: Von den Mandeln die Haut abziehen. Buchweizen mit dem Quellwasser, geschälte Mandeln und helle Rosinen im Mixer zu einem weichen Brei verarbeiten.

Den „Teig" fingerdick auf der Arbeitsfläche ausstreichen, den Belag dünn darauf verteilen und mit Ausstechformen aus der Masse Sternchen ausstechen. Die Sternchen auf ein Backpapier geben und 24 Stunden im Dörrgerät trocknen lassen. Nach der Hälfte der Zeit das Papier entfernen und die Sterne wenden.

Vorbereitung: 10 Stunden
Zubereitung: 120 Minuten
Trocknen: 24 Stunden bei 40° C
Haltbarkeit: im luftdicht verschlossenen Gefäß 1 Monat
Geräte: Mixer, Küchenmaschine, Dörrgerät

Getreide, Brot und Nudeln – geben sie uns wirklich, was wir brauchen?

Brot, Getreide und Nudeln sind stärkehaltige Nahrungsmittel. Die Behauptung, Getreidenahrung liefere alles, was der Sportler brauche, entspricht leider nicht der Wahrheit. Essen wir rohes – nicht angekeimtes oder erhitztes – Getreide wie Hafer, Reis und Weizen (etwa als über Nacht in Wasser eingeweichten Getreideschrot für das morgendliche Müsli) in zu großer Menge über einen zu langen Zeitraum, so kann es einen zähen, klebrigen Rückstand in unserem Körper hinterlassen, der sich in den feinen Lymph- und Blutgefäßen absetzt. Damit der Körper die Nährstoffe des Getreidekorns aufnehmen kann, müssen seine stärkehaltigen Bestandteile in einfache Zuckerformen umgewandelt werden ... und diese Aufgabe übernimmt das Ptyalin, ein Enzym, das *nur* im Speichel vorkommt. Wird Getreide nicht ausreichend im Mund eingespeichelt (Brot muss *sehr* lange gekaut werden!), so gelangt die Stärke unverändert in den Magen, wo sie nun nicht mehr abgebaut werden kann, weil hier kein Ptyalin vorliegt. Der „Stärkekleister" ist nicht wasserlöslich und bleibt lange im Magen liegen. Hier beginnt er – unter dafür idealen Temperaturbedingungen – zu gären, wir bekommen einen Blähbauch und die entstehende Kohlensäure führt unter anderem zu nervösen Magenbeschwerden, Sodbrennen, Mundgeruch und Magenschleimhautentzündungen. Erhitzen wir das Getreide auf eine Temperatur über 42 Grad C, bevor wir es zu uns nehmen, so werden die in ihm enthaltenen Enzyme (großmolekulare Eiweißstoffe), die notwendig sind für viele Vorgänge im Körper, vollständig zerstört.

Das trockene Getreidekorn kann unserem Körper die Energie, die es enthält, allerdings auch nicht einfach geben. Wird der Samen aber befeuchtet, so setzen sich die stabilen Nährstoffe in Lebenskomponenten um; der Samen beginnt zu leben und bildet die für unseren Körper so wichtigen Vitamine, Spurenelemente, Mineralstoffe, sekundären Pflanzenstoffe und Enzyme. Letztere wirken nach der Nahrungsaufnahme dann natürlich auch im Stoffwechsel des Menschen; sie regenerieren die Verdauungsorgane und gelangen über das Blut in unsere Organe – wo sie gebraucht werden. Der Samen enthält Stärke, der Keimling hingegen einfache Zucker, die der Körper vollständig aufnehmen kann. Und so gilt: Nur angekeimtes, nicht über 40 Grad C erhitztes Getreide ist gesund! (Siehe auch Seite 18, „Getreideflocken und Milchprodukte – ein gesundes Frühstück?", und Seite 132 unter „Getreide")

Harlekin-Brot*

Ergibt etwa 60 Stück

400 g Leinsamen (5 Stunden in 1 Liter Quellwasser eingeweicht) ✿ 2 Karotten ✿ 2 Zucchini ✿ 1 TL Zitronensaft ✿ 1 Tasse frische, fein gehackte Kräuter (glatte Petersilie, Bärlauch, Basilikum, Thymian, Rosmarin etc.) ✿ 1 TL Brotgewürz ✿ 1 TL Kräutersalz ✿ 100 g Sonnenblumenkerne (10 Stunden in Quellwasser eingeweicht und gut abgetropft) ✿ 20 g schwarzer Sesam

Karotten und Zucchini grob raspeln. Alle Zutaten gut miteinander vermengen und das Ganze 2 Stunden ruhen lassen. Danach die Masse mit dem Löffel in unterschiedlichen Formen – Vierecken, Kreisen, Sternen, Dreiecken, Ovalen ... – dünn auf Backpapier ausstreichen. Die Brote 24 Stunden im Dörrgerät trocknen lassen. Das Papier nach der Hälfte der Zeit entfernen und die Brote wenden. Schmeckt einfach köstlich!

Vorbereitung: 10 Stunden
Zubereitung: 160 Minuten
Trocknen: 24 Stunden bei 40° C
Haltbarkeit: im luftdicht verschlossenen Gefäß einige Monate
Geräte: Dörrgerät

Wissenswertes: Dieses Brot ist lustig bunt und so habe ich es „Harlekin-Brot" getauft!

Hutzelbrot***

Ergibt etwa 6 mittelgroße Brote

500 g getrocknete Birnen  500 g getrocknete Zwetschgen 500 g getrocknete Feigen 500 g Rosinen oder Sultaninen 15 Datteln (am besten Khadrawi kristall) 500 g Haselnusskerne (10 Stunden in Quellwasser eingeweicht und gut abgetropft) 200 g Hafer (3 Tage in Quellwasser angekeimt, gespült und gut abgetropft) 300 g Sonnenblumenkerne (10 Stunden in Quellwasser eingeweicht und gut abgetropft) ½ TL Salz 1 Prise Zimt 1 Prise Nelken 1 EL Fenchel oder Anis

Die Hutzeln (Birnen) sorgfältig verlesen, Stiel und Gehäuse entfernen, die Birnen in reichlich Wasser waschen, große Birnen vierteln oder achteln und in nur wenig frischem Quellwasser einweichen. Zwetschgen entsteinen und ebenfalls einweichen. Den Stiel von den Feigen entfernen und die Früchte dann in feine Streifen schneiden, diese ebenfalls einweichen und über Nacht zugedeckt stehen lassen. (Das Einweichwasser sollte gut zwei Fingerbreit über den Früchten stehen.) Am nächsten Tag die Datteln entkernen und mit den abgetropften Sonnenblumenkernen und den Hafersprossen im Mixer zu „Teig" verarbeiten. Die Haselnüsse am besten in eine Zellophantüte geben und mit einem Hammer zerkleinern, sodass jede Nuss ungefähr in vier Teile zerspringt. Früchte und Gewürze vorsichtig unter den „Teig" heben. (Die Früchte sollten dabei nicht breiig werden! Das erfordert Fingerspitzengefühl. Die Früchte sollten noch so aussehen wie nach dem Einweichen). Das Ganze 2 Stunden ruhen lassen und dann kleine flache Brote formen und 3 Tage im Dörrgerät trocknen lassen. Es ist ein wenig aufwändig, dieses Brot herzustellen – aber es lohnt sich!

Vorbereitung: 3 Tage
Zubereitung: 160 Minuten
Trocknen: 3 Tage bei 40° C
Haltbarkeit: 1 Monat
Geräte: Keimgerät, Mixer, Dörrgerät

Tipp: Es ist wichtig, dass Sie die richtigen **Birnen** verwenden. Schweizer Speckbirnen eignen sich am besten – sie sind schön weich und haben schwarzes Fruchtfleisch.

Knäckebrot*

Ergibt etwa 30 Stück

100 g Leinsamen (10 Stunden in ½ Liter Quellwasser eingeweicht und nicht abgetropft) ✻ *150 g Buchweizen (10 Stunden in Quellwasser eingeweicht und nicht abgetropft; das Wasser sollte dabei etwa 1 Fingerbreit über den Buchweizennüsschen stehen)* ✻ *1 TL Himalajasalz*

Die nicht abgetropften Buchweizennüsschen auf einem Backpapier im Dörrgerät 12 Stunden trocknen lassen und am anderen Tag in der Küchenmaschine zu feinem Mehl verarbeiten. Die Leinsamen-Masse im Mixer pürieren. Alle Zutaten gut vermischen und 1 Stunde ruhen lassen. Rechteckige Brote auf Backpapier ausstreichen und 24 Stunden im Dörrgerät trocknen lassen.

Vorbereitung: 10 Stunden
Zubereitung: 45 Minuten
Trocknen: 12 (Buchweizen) und 24 Stunden (Knäckebrot) bei 40° C
Haltbarkeit: im luftdicht verschlossenen Gefäß 2 Wochen
Geräte: Küchenmaschine, Mixer, Dörrgerät

Tipp: Der „Teig" ist so leicht, dass sich das Backpapier, auf dem er liegt, wellen wird. Auf diese Weise entstehen ganz von selbst interessant geformte Brote.

Mein Vorschlag: Dieses Brot ist geschmacksneutral und eignet sich sowohl für süße als auch für herzhafte Brotaufstriche.

Mohnbrötchen**

Ergibt etwa 50 Stück

200 g Walnüsse (10 Stunden in Quellwasser eingeweicht und gut abgetropft) ❀ 100 g Leinsamen (1 Stunde in etwa 100 Milliliter Quellwasser eingeweicht) ❀ 100 g Sesam (10 Stunden in Quellwasser eingeweicht und gut abgetropft) ❀ 100 g Blaumohn ❀ 30 Datteln (Fersi) ❀ 3 reife Bananen

Walnüsse grob hacken, Datteln entkernen und ebenfalls grob schneiden. Bananen schälen und mit der Gabel zu Mus zerdrücken. Alle Zutaten (Leinsamen mit „Schleim") gut miteinander vermengen, danach mit einem Löffel kleine Brötchen aus der Masse formen und auf ein Backpapier setzen. Die Brötchen mindestens 24 Stunden im Dörrgerät trocknen lassen. Nach etwa 15 Stunden das Backpapier entfernen und die Brötchen wenden.

Vorbereitung: 10 Stunden
Zubereitung: 45 Minuten
Trocknen: 24 Stunden bei 40° C
Haltbarkeit: im luftdicht verschlossenen Gefäß 2 Wochen
Geräte: Dörrgerät

Sonnenblumenkernbrot***

Ergibt etwa 40 Brote

100 g Wachtelbohnen ⊛ 200 g Hafer ⊛ 1 Orange ⊛ 40 g Radieschensamen ⊛ 4 mittelgroße Tomaten ⊛ 1 Sträußchen glatte Petersilie ⊛ 100 g Sonnenblumenkerne (10 Stunden in Quellwasser eingeweicht und gut abgetropft) ⊛ 2 TL Himalajasalz (wenn gewünscht; die Radieschensprossen geben schon eine gute Schärfe) ⊛ 1 EL Shoyu

Wachtelbohnen, Hafer und Radieschensamen etwa 3 Tage lang keimen lassen. Die Wachtelbohnen sollten zu sprießen beginnen, der Hafer wird nicht keimen, die Radieschen sollten ein kleines Blättchen haben. Die Tomaten wie einen Apfel schälen und die Stielansätze entfernen. Die Orange entsaften. Wachtelbohnen und Hafer mit den Tomaten und dem Orangensaft im Mixer zu Mus verarbeiten. Die Petersilie fein wiegen. Die Radieschensprossen mit der Küchenschere klein schneiden. Alle Zutaten zu einem festen „Teig" verarbeiten. Aus dem „Teig" runde, etwa 1 Zentimeter dicke Plätzchen auf ein Backpapier setzen und ungefähr 24 Stunden im Dörrgerät trocknen lassen.

Vorbereitung: 3 Tage
Zubereitung: 90 Minuten
Trocknen: 24 Stunden bei 40° C
Haltbarkeit: im luftdicht verschlossenen Gefäß einige Monate
Geräte: Keimgerät, Mixer, Dörrgerät

Tomaten- Knusperbrot***

Ergibt etwa 20 Brote

100 g Weizen (so lange ge-keimt, bis die Keimlinge etwa 2 Zentimeter lang sind; das dauert etwa 3 Tage) ◈ *100 g goldene Leinsamen* ◈ *200 g Haselnüsse (10 Stunden in Quellwasser eingeweicht und gut abgetropft)* ◈ *10 halbe getrocknete Tomaten* ◈ *5 große frische Tomaten* ◈ *50 g Rosinen* ◈ *2 EL Shoyu* ◈ *1 TL Himalajasalz* ◈ *1 TL scharfer Paprika* ◈ *⅜ l Quellwasser*

Die Haselnüsse mit dem Himalajasalz in einen Zellophanbeutel geben, gut schütteln und die Nüsse dann mit dem Hammer zerkleinern. Die Haselnussstücke danach etwa 12 Stunden im Dörrgerät knusprig trocknen lassen und anschließend in der Küchenmaschine zu Mehl verarbeiten. Die getrockneten Tomaten etwa 4 Stunden in ¼ Liter Quellwasser einweichen. Die frischen Tomaten wie einen Apfel schälen und die Stielansätze entfernen, danach im Mixer zu einem Brei pürieren. In diesen Brei die Leinsamen einrühren und das Ganze etwa 4 Stunden quellen lassen – dabei ab und zu umrühren. Die Rosinen mit ⅛ Liter Wasser im Mixer gut pürieren. Den Weizen mit den getrockneten Tomaten und dem Einweichwasser im Mixer zu Mus verarbeiten. (Die Fasern der Weizenkeimlinge sollten nicht mehr sichtbar sein.) Anschließend alle Zutaten gut miteinander vermengen und den „Teig" noch einmal 2 Stunden quellen lassen. Auf einem Backpapier etwa 1 Zentimeter dicke Brotfladen (dreieckig oder rechteckig) ausstreichen und 15 Stunden im Dörrgerät trocknen lassen.

Vorbereitung: 3 Tage
Zubereitung: 90 Minuten
Trocknen: 12 (Haselnüsse) und 15 Stunden (Brote) bei 40° C
Haltbarkeit: im luftdicht verschlossenen Gefäß einige Monate
Geräte: Keimgerät, Mixer, Küchenmaschine, Dörrgerät

„Vollkorn"-Leinsamencracker[*]

Ergibt etwa 40 kleine Brote

200 g braune Leinsamen (10 Stunden in 1 Liter Quellwasser eingeweicht) ❦ 2 TL Himalajasalz

Die Leinsamen-Masse mit dem entstandenen „Schleim" und dem Himalajasalz gut vermischen und aus dem „Teig" auf Backpapier dünne Brote ausstreichen, danach 15 Stunden im Dörrgerät trocknen lassen.

Vorbereitung: 10 Stunden
Zubereitung: 90 Minuten
Trocknen: 15 Stunden bei 40° C
Haltbarkeit: im luftdicht verschlossenen Gefäß einige Monate
Geräte: Dörrgerät

Tipp: Schmeckt einfach fantastisch mit herzhaften und mit süßen Aufstrichen (siehe Seite 67 ff. und Seite 81 ff.).

Kaffee und Schwarztee – die Muntermacher?

Eine Tasse Kaffe enthält etwa 4 Milligramm Koffein. Das Genussgift Koffein entzieht uns nicht nur Kalzium aus den Knochen, es führt auch dazu, dass unser Körper weniger Eisen aufnehmen kann und damit kommt es zu einer schlechteren Sauerstoffversorgung der Zellen und der Stoffwechsel erlahmt. Bei regelmäßigem Kaffeetrinken werden nachweislich 50 Prozent weniger Eisen im Magen-Darm-Trakt aufgenommen und vermehrt Kalzium über die Nieren ausgeschieden. Kaffee lähmt außerdem das Schlafzentrum im Gehirn und durch den widernatürlichen Aufpeitscheffekt fließt das Blut zwar kurzfristig schneller durch unsere Adern, unsere Körperzellen können sich aber nicht mehr energetisch aufladen und wir fühlen uns nach kurzer Zeit wieder erschöpft und energielos ... und die harmlose nächste Tasse führt zur Koffein- oder Teinsucht.
Kaffee verursacht durch seinen hohen Gehalt an Säure und durch die Röststoffe immer eine Reizung der Schleimhäute und damit kommt es auch zur Darmentleerung nach der Tasse Kaffee am Morgen. (Informationen zum Thema „Entciftung" finden Sie in Hannelore Fischer-Reskas Buch *Die Entsäuerungs-Revolution*). Greifen Sie also lieber zu naturbelassenen frisch gepressten Säften, veganer Milch oder einem Powerdrink!

Avocado-Powerdrink*

Ergibt etwa 1 Liter

 1 kleine Avocado ⊛ 2 EL rohes Mandelpüree (Bezugsquelle auf Seite 142) ⊛ 1 l Quellwasser ⊛ 2 Limonen ⊛ 10 Datteln

Die Datteln entkernen, die Limonen entsaften. Die Avocado ebenfalls entkernen und das Fruchtfleisch mit einem Löffel aus der Schale heben. Alle Zutaten zu einer homogenen Flüssigkeit pürieren.

Vorbereitung: 0
Zubereitung: 15 Minuten
Haltbarkeit: 0
Geräte: Mixer

Wissenswertes: Die Avocado gehört zu der Familie der Lorbeergewächse (Lauraceae). Der bis zu 15 Meter hohe Baum stammt ursprünglich aus Südmexiko und wurde bereits von den Azteken kultiviert. Heute wird er in über 400 Kultursorten weltweit angebaut. Die Avocadofrucht, eigentlich eine Beere, fällt im harten Zustand auf die Erde, wo sie rasch reift.

Powerdrink „Erdmandel und Braunhirse"*

Zutaten für 1 Portion

4 saure Äpfel ⊗ 300 g rote Weintrauben mit Kernen ⊗ 2 EL rohes Mandelpüree (Bezugsquelle auf Seite 142) ⊗ 2 EL Erdmandelpulver (Bezugsquelle auf Seite 142) ⊗ 2 EL Braunhirsepulver

Die Äpfel vierteln und das Gehäuse entfernen. Die einzelnen Weinbeeren von der Traube abzupfen. Äpfel und Weintrauben im „Champion Entsafter" entsaften. Diesen Saft in den Mixer geben und mit den restlichen Zutaten gut verquirlen.

Vorbereitung: 0
Zubereitung: 15 Minuten
Haltbarkeit: 0
Geräte: „Champion Entsafter", Mixer

Wissenswertes: Angekeimt verzehrt, zählt **Hirse** zu den Basen bildenden Getreidesorten und beugt somit Übersäuerung und Entmineralisierung sowie Verschlackung vor. Hirse enthält außerdem sehr viel Kieselsäure und sorgt auf diese Weise für eine glatte, frische Haut, gesunde Zähne, feste Nägel (gemeinsam mit dem in Hirse enthaltenen Fluor) und kräftiges, glänzendes Haar.

Gerstengras-Powerdrink*

Ergibt etwa ½ Liter

 ½ Schlangengurke ❀ 2 Stangen Sellerie ❀ 5 mittelgroße Karotten ❀ 3 EL Gerstengraspulver (Bezugsquelle auf Seite 142) ❀ 2 EL Haselnussmehl

Die Schlangengurke der Länge nach vierteln. Von den Karotten das Ende mit dem Grün ab-schneiden und die Karotten der Länge nach halbieren. Die Selleriestangen in etwa 6 Zentimeter lange Stücke schneiden. Das Gemüse im Entsafter verarbeiten. Dann das Haselnussmehl und das Gerstengraspulver in den Saft einrühren.

Vorbereitung: 0
Zubereitung: 10 Minuten
Haltbarkeit: 0
Geräte: „Champion Entsafter"

Tipp: Haselnussmehl stellen Sie folgendermaßen her: Sie weichen die Haselnüsse 10 Stunden in Quellwasser ein und lassen sie gut abtropfen. Danach geben Sie die Nüsse ins Dörrgerät und lassen sie bei 40 Grad C ganz trocknen – das dauert etwa 24 Stunden. Anschließend verar-beiten Sie die getrockneten Nüsse in der Küchenmaschine zu Mehl.

Wissenswertes: Heute wissen wir, dass Gerstengras mehr Nährstoffe – Vitamine, Spurenelemente, Mineralstoffe, sekundäre Pflanzenstoffe, Enzyme – enthält als grünes Gemüse und Salat. Grünes **Gersten-** und **Weizengras** hat pro 100 Gramm den Nährwert von 2000 Gramm bestem biolo-gischem Gemüse. **Gerstengraspulver** quillt in lauwarmer Flüssigkeit auf und macht gut satt. Geben Sie 30 Gramm in ½ Liter Flüssigkeit – dieser Drink ersetzt eine Mahlzeit. Gersten- und Weizengras liefern uns zudem ein für unseren Körper gut verwertbares organisch gebundenes Kalzium und andere wertvolle Mineralstoffe. 50 Gramm Gras enthalten etwa 450 Milligramm Kalzium und 200 Milligramm Magnesium – die gleiche Menge wie ½ Liter Ziegen- oder Schafsmilch. Nicht zu vergessen ist, dass Gersten- und Weizengras einen positiven Einfluss auf unser Säure-Basen-Gleichgewicht haben.

Kalziumshake*

Ergibt etwa 1 Liter

 100 g Sesam (10 Stunden in Quellwasser eingeweicht und gut abgetropft) ⚬ 1 reife Banane ⚬ 50 g Rosinen ⚬ 2 EL rohes Mandelpüree (Bezugsquelle auf Seite 142) ⚬ 1 Zitrone ⚬ 1 Orange ⚬ ½ l Quellwasser

Den Sesam in einem Mixer ganz fein pürieren. Die Zitrone und die Orange entsaften, dann das Quellwasser, den Zitronen- und den Orangensaft mit dem Mandelpüree zu einer „Milch" verquirlen. Die Banane schälen und ebenso zur „Milch" geben wie die Rosinen und den gemahlenen Sesam – das Ganze im Mixer so lange pürieren, bis ein homogener Drink entstanden ist. (Wenn der Shake gar keine Stückchen mehr enthalten soll, gießen Sie ihn anschließend einfach durch ein Haarsieb oder durch ein Käsetuch ab.)

Vorbereitung: 10 Stunden
Zubereitung: 15 Minuten
Haltbarkeit: 0
Geräte: Mixer

Melonen-Powerdrink*

Ergibt etwa 1 Liter

 1 Zuckermelone (oder eine andere kleine Melone)

Die Melone halbieren, die Kerne mit dem Löffel herausholen und im Mixer zu einem feinen Brei verarbeiten. Dann das Fruchtfleisch der Melone hinzugeben. Alles kräftig pürieren, bis eine glatte Masse entsteht.

Vorbereitung: 0
Zubereitung: 10 Minuten
Haltbarkeit: 0
Geräte: Mixer

> **Tipp:** Melonen sollten Sie immer für sich allein genießen, so verbessern Sie Ihre Verdauung. Die Kerne jeder Melone haben einen eigenen Geschmack. Wenn diese Kerne mit verwendet werden, entsteht ein süßer, cremiger Drink.

Pina Colada*

Ergibt etwa 1 Liter

3 große ungespritzte Orangen ❀ 600 g Ananas ❀ 1 Banane ❀ 3 EL Kokosfett (Bezugsquelle auf Seite 142)

Von den Orangen die äußere orangefarbene Schicht der Schale entfernen, die Frucht achteln und Kerne entfernen. Die Ananas schälen, das Fruchtfleisch in Streifen schneiden und die Banane ebenfalls schälen. Orangen und Ananas im „Champion Entsafter" verarbeiten. Den Saft in einen Mixer füllen, die Banane und das Kokosfett dazugeben und alles gut verquirlen.

Vorbereitung: 0
Zubereitung: 10 Minuten
Haltbarkeit: 0
Geräte: „Champion Entsafter", Mixer

Preiselbeer-Powerdrink*

Ergibt etwa ½ Liter

100 g frische Preiselbeeren ❀ 3 Granatäpfel ❀ 50 g Leinsamen (10 Stunden in ¼ Liter Quellwasser eingeweicht) ❀ ¼ l Quellwasser ❀ 5 getrocknete Aprikosen

Aprikosen 10 Stunden in ¼ Liter Quellwasser einweichen. Die Leinsamen-Masse in ein Haarsieb geben und abtropfen lassen. Die Granatäpfel halbieren und mit einer Zitruspresse entsaften. Die Preiselbeeren, den Saft der Granatäpfel, den „Schleim" der Leinsamen und die Aprikosen mit dem Einweichwasser im Mixer zu einem köstlichen Frühstücksdrink pürieren.

Vorbereitung: 10 Stunden
Zubereitung: 20 Minuten
Haltbarkeit: 0
Geräte: Mixer

Wissenswertes: Der „Schleim", den die **Leinsamen** beim Quellen abgeben, nimmt sofort das Hungergefühl und macht rohe Frucht- oder Gemüsesäfte bekömmlicher. Leinsamen können Sie in sehr unterschiedlichen Qualitäten kaufen. Es gibt braune und gelbe Sorten, wobei die hochwertigen, biologisch angebauten – wie beispielsweise Linusit – viel mehr „Schleim" abgeben als die anderen.

Bananensplit***

Ergibt 4 „Splits"

Für den Boden: *150 g Makadamianüsse * 12 Datteln (Halawi oder Khadrawi kristall) * 50 g heller Sesam*
Für die Creme: *1 Banane * 100 g Leinsamen (10 Stunden in ¾ Liter Quellwasser einge-*
weicht) * *4 EL rohes Mandelpüree (Bezugsquelle auf Seite 142) * 2 TL Zitronensaft*
Für den Belag: *2 Bananen * 2 frische Feigen*

Boden: Die Datteln entkernen. Die Makadamianüsse mit den Datteln in einer Küchenmaschine oder im „Champion Entsafter" (mit Emulgatorplatte) zu einem „Teig" verarbeiten. Den Sesam unterkneten und den „Teig" dann 1 Stunde ruhen lassen.

Creme: Die Leinsamen-Masse in ein Haarsieb geben und gut abtropfen lassen. 10 Esslöffel Leinsamen-„Schleim" mit dem Mandelmus und dem Zitronensaft im Mixer cremig schlagen. Die Banane schälen und mit der Gabel so lange zerdrücken, bis sie schön feucht ist, dann unter die Creme heben.

Belag: Die Bananen schälen und in etwa 3 Millimeter dicke Scheiben schneiden. Den Stiel von den Feigen entfernen und die Früchte längs in dünne Scheiben schneiden.

Aus dem Teig runde Küchlein von etwa 8 Zentimetern Durchmesser formen, mit der Creme bestreichen und mit den geschnittenen Bananen belegen. Die Feigenscheiben dekorativ darauf verteilen.

Vorbereitung: 10 Stunden
Zubereitung: 90 Minuten
Haltbarkeit: im Kühlschrank 1 Tag
Geräte: „Champion Entsafter"/Küchenmaschine, Mixer

Gefüllte Netzmelone[*]

Zutaten für 2 Portionen

Für den Salat: *3 EL Haselnusskerne (10 Stunden in Quellwasser eingeweicht und gut abgetropft) ✸ 1 Netzmelone (etwa 1½ Kilogramm) ✸ 1 kleiner römischer Salat oder Endiviensalat ✸ 3 reife feste große Tomaten ✸ 2 Stängel Estragon ✸ 2 Stängel Basilikum ✸ 2 Stängel Zitronenmelisse*
Für die Soße: *1 Msp. Himalajasalz ✸ 1 Msp. geriebene Ingwerwurzel ✸ 6 EL Kanne Brottrunk (Bezugsquelle auf Seite 142) ✸ 10 EL kalt gepresstesTraubenkernöl ✸ 1 Handvoll Rosinen*

Salat: Die Haselnüsse in eine Zellophantüte geben und mit einem Hammer zerkleinern (oder mit einem Messer grob hacken). Dann die Melone waschen, abtrocknen und oben eine Kappe abschneiden – gerade so groß, dass sich die Melone gut aushöhlen lässt. Die Kerne mit einem Löffel herausholen (und beiseitelegen, denn sie können für einen Powerdrink oder einen Nachtisch verwendet werden). Mit dem Löffel danach vorsichtig das Melonenfleisch herauslösen und in Würfel schneiden. Den Saft, der dabei entsteht, für die Soße verwenden. Den Salat waschen, die Blätter trocknen und klein schneiden. Die Tomaten wie einen Apfel schälen, die Stielansätze entfernen und das Tomatenfleisch in kleine Würfel schneiden. Die Kräuter (jeweils einige Blättchen für die Dekoration übrig lassen) von den Stängeln zupfen und fein wiegen. Den Salat, die Tomaten, das Melonenfleisch, die Kräuter und die Haselnüsse in eine Glasschüssel geben.

Soße: Melonensaft, Rosinen, geriebenen Ingwer und Himalajasalz im Mixer gut pürieren. Das Öl zugeben und noch einmal gut verquirlen, bis die Soße emulgiert.

Die Salatsoße über den Salat geben und alles behutsam vermengen, danach in die ausgehöhlte Melone füllen und die Kräuterblätter in die Mitte stecken.

Vorbereitung: 10 Stunden
Zubereitung: 30 Minuten
Haltbarkeit: 0
Geräte: Mixer

Melonenpotpourri*

Zutaten für 4 Portionen

800 g Wassermelone ❀ 1 Netz-, Honig- oder Galiamelone mit Kernen ❀ einige Blätter frische Pfefferminze

Die Wassermelone in rechteckige Stücke schneiden. Die Kerne der anderen Melone im Mixer zu einer feinen Creme pürieren, aus dem Fruchtfleisch mit dem Kugelausstecher kleine Kugeln schneiden. Schön dekorativ anrichten und mit der Creme übergießen.

Vorbereitung: 0
Zubereitung: 15 Minuten
Haltbarkeit: 0
Geräte: Mixer

Tipp: Melonen genießen Sie am besten für sich allein, da sie sehr schnell verdaut werden! Sie haben eine kühlende Wirkung auf den Körper und sind deshalb im Sommer bei großer Hitze eine wahre Wohltat.

Preiselbeerparfait an Orangen-Preiselbeer-Schaum**

Zutaten für 6 Portionen

Für das Parfait: *200 g Prei-selbeeren* ❀ *2 süße Äpfel* ❀ *5 Orangen* ❀ *1 EL Zitronen-saft* ❀ *1 TL Zimt* ❀ *1 Msp. Nelkenpulver* ❀ *100 g Wal-nüsse (10 Stunden in Quell-wasser eingeweicht und gut abgetropft)* ❀ *100 g Haselnüsse (10 Stun-den in Quellwasser eingeweicht und gut ab-getropft)* ❀ *50 g getrocknete Pflaumen* ❀ *50 g getrocknete Feigen (Black Mission)* ❀ *100 g Korinthen* ❀ *100 g Rosinen* ❀ *1 Johannisbrotschote*
Für den Schaum: *100 g Preiselbeeren* ❀ *10 Datteln (Zahidi)* ❀ *2 Orangen*

Parfait: Eine Terrinenform mit Klarsichtfolie auslegen. Die Enden der Klarsichtfolie weit überstehen lassen. 4 Orangen entsaften und den Saft so lange im Dörrgerät erwärmen, bis er eindickt. Den Saft der verbliebenen Orange mit dem eingedickten Orangensaft verrühren und die Pflaumen, Feigen, Korinthen und Rosinen darin etwa 6 Stunden einweichen. Die Äpfel in feine Würfel schnei-den. Die Johannisbrotschote entkernen und in der Küchenmaschine zu Mehl verarbeiten. Die Wal- und Haselnüsse in der Küchenmaschine grob hacken. Alle Zutaten gut miteinander ver-mengen und in die vorbereitete Terrinenform drücken. Das Parfait mindestens 6 Stunden durch-ziehen lassen. – Achten Sie darauf, dass die Zutaten in etwa gleich große Stücke geschnitten werden.

Schaum: Die Orangen entsaften. Die Datteln entkernen und mit Orangensaft und Preiselbeeren im Mixer zu einer cremigen Soße pürieren. Diese durch ein Haarsieb streichen und mit dem Prei-selbeerparfait servieren.

Vorbereitung: 10 Stunden
Zubereitung: 50 Minuten
Haltbarkeit: im Kühlschrank 2 Tage
Geräte: Dörrgerät, Küchenmaschine, Mixer

Studentenfutter*

Ergibt etwa 20 Portionen

200 g Mandeln (10 Stunden in Quellwasser eingeweicht und gut abgetropft) ⚬ *200 g Haselnüsse (10 Stunden in Quellwasser eingeweicht und gut abgetropft)* ⚬ *200 g Walnüsse (10 Stunden in Quellwasser eingeweicht und gut abgetropft)* ⚬ *200 g Sonnenblumenkerne (10 Stunden in Quellwasser eingeweicht und gut abgetropft)* ⚬ *500 g Rosinen* ⚬ *1 Kokosnuss*

Das weiche „Auge" der Kokosnuss aufstechen (siehe Seite 49) und das Kokoswasser herauslaufen lassen. Dann die Kokosnuss aufschlagen, das Fruchtfleisch herauslösen und in feine Streifen schneiden. Die eingeweichten Mandeln enthäuten anschließend mit den Haselnüssen, den Walnüssen, dem geschnittenen Kokosnussfleisch und den Sonnenblumenkernen 10 Stunden im Dörrgerät trocknen lassen. Alle Zutaten gut miteinander vermengen und in luftdichten Behältern aufbewahren.

Vorbereitung: 10 Stunden
Zubereitung: 60 Minuten
Trocknen: 10 Stunden bei 40° C
Haltbarkeit: einige Monate
Geräte: Dörrgerät

Kleines Abc der Zutaten, Methoden und Küchengeräte

Zutaten

Apfelkonzentrat

Dieses Konzentrat ist unter Vakuum mithilfe einer speziellen japanischen Technologie aus sonnengereiften Jonathan-Äpfeln hergestellt, die aus dem Bezirk Szábolcs in Ungarn stammen. Bei diesem Verfahren bleiben Enzyme, Vitalstoffe und Vitamine der Äpfel erhalten. Das Konzentrat hat einen hohen Phosphorgehalt, der gestressten und älteren Menschen sowie Kindern, die unter Blutarmut leiden, Kraft und Energie gibt. Außerdem hilft es bei Hyperämie, Leberstau, verspannter Muskulatur und angegriffenem Nervensystem; das Apfelkonzentrat hat eine wassertreibende Wirkung und ist gut gegen Rheuma. Es bringt den Säure-Basen-Haushalt des Körpers ins Gleichgewicht, ist reich an Vitamin C und Pektin und schützt Bindegewebe und Haut. Zudem hilft es, den Körper zu entgiften, und reguliert den Cholesterinwert. Behalten Sie das Apfelkonzentrat ein wenig im Mund und bewegen Sie dort etwas hin und her (erst nach etwa 30 Sekunden hinunterschlucken). (Bezugsquelle auf Seite 142)

„Chi" – der Champagner für den Rohköstler

„Chi" ist ein Wellnessgetränk der Firma *Soyona*. Es handelt sich hierbei um ein fermentiertes kohlensäurehaltiges Getränk, das in vier verschiedenen Geschmacksrichtungen erhältlich ist (Bezugsquelle auf Seite 142):

1. „Wurzel-Chi" enthält Bio-Wurzeln und -Rinden (Ingwer- und Süßholzwurzel, Kardamom und Zimtwurzel);
2. „Grüntee-Kräuter-Chi" mit Bio-Grüntee und Bio-Kräutern;
3. „Blüten-Chi", das vier Bio-Blüten (Holunder-, Hibiskus-, Orangen-Blüten und Blüten der Ringelblume) enthält, und
4. „Früchte-Chi" mit sieben verschiedenen Bio-Früchten (Mangos, Äpfel, Aprikosen, Birnen, Datteln, Ananas und Feigen).

„Chi" wirkt basisch, fördert die Verdauung, aktiviert den Stoffwechsel und unterstützt so die Reinigung, Entgiftung und Entsäuerung des Organismus; es stärkt das Immunsystem und die körperliche Abwehr und ist eine willkommene Alternative zu alkoholischen oder aufputschenden Getränken – die Sie auch bei besonderen und festlichen Anlässen ohne Reue (wie Müdigkeit, Kopfschmerzen, Kater usw.) genießen können. (Bezugsquelle auf Seite 142)

Chufa, Erdmandel oder Tigernuss

Die Erdmandel gehört botanisch zur Familie der Sauergrasgewächse *(Cyperaceae)*. Diese von den Arabern im 8. Jahrhundert nach Südeuropa gebrachte Pflanze besitzt unterirdisch wachsende Ausläufer mit runden erbsengroßen, stark ölhaltigen Knollen – ähnlich wie die Kartoffel. Diese sind essbar und ihr Geschmack erinnert an Haselnüsse bzw. Mandeln. In Nordafrika und Spanien werden sie deshalb geschätzt und angebaut – allerdings nur in geringem Umfang.

Erdmandeln besitzen eine runzelige braune bis schwarzbraune Haut, sind reich an Ballaststoffen und geben dem Körper alle Substanzen, die er zum Leben braucht: Sie liefern wertvolles, leicht verdauliches pflanzliches Eiweiß, zahlreiche Mineralstoffe (einschließlich des Spurenelements Eisen) sowie Fett mit einem hohen Anteil an ungesättigten, also herzschützenden Fettsäuren. Gleichzeitig spendet die Erdmandel das pflanzliche Zellschutzvitamin E, welches notwendig ist, um unsere Zellen vor Oxidation, das heißt vor den zerstörerisch wirkenden freien Radikalen zu schützen.

Natursüße Erdmandeln helfen dem Körper, sich schnell zu regenerieren; sie sind Nervennahrung für Menschen jeden Alters und machen uns leistungsfähig im Beruf, in der Schule und im Sport. Sie sättigen gut und verhindern, dass wir Heißhunger auf Süßes bekommen. Ihre Faserstoffe dienen im Dickdarm – vor allem durch die Vermittlung der Darmbakterien – als nützliche Hilfsmittel für eine umfassende Schleimhautpflege, quasi eine Regeneration von innen. (Bezugsquelle auf Seite 142)

Edelhefe

Seit Jahrhunderten nutzen die Menschen besondere Hefestämme als wertvolle Ergänzung zu ihrer Nahrung. Grundlage der *Naturhefe* auf Melasse-Basis ist ein hochwertiger, ausschließlich für die Ernährung gezüchteter Hefestamm, der in einem Nährboden aus Rohrzuckermelasse gedeiht. Nach der Ernte und Reinigung werden die Hefezellen durch schonende Trocknung in ihrer Gärwirkung inaktiviert. Das ist besonders wichtig, da der Körper die Inhaltsstoffe aus der inaktivierten Hefe wesentlich besser aufnehmen kann als die aus der gärfähigen Hefezelle. Naturhefe auf Melasse-Basis zeichnet sich durch ihren Reichtum an Proteinen (mehr als 45 Prozent, die alle acht essenziellen Aminosäuren enthalten) und den hohen Gehalt an B-Vitaminen und Mineralstoffen (wie Kalzium, Kalium, Magnesium, Phosphor und Schwefel) aus. Naturhefe auf Melasse-Basis ist ein rein pflanzliches, glutenfreies Lebensmittel mit einem sehr geringen Natriumgehalt. Ihr angenehm milder Geschmack macht sie zu einem wohlschmeckenden Nahrungsergänzungsmittel für die ganze Familie. (Bezugsquelle auf Seite 142)

Gersten- und Weizengras

Ohne Chlorophyll wäre Leben nicht möglich – es gäbe nicht ausreichend Sauerstoff und Kohlenhydrate für alle Lebewesen auf diesem Planeten! Grüne Grassäfte schützen nachweislich vor radioaktiven Strahlenschäden, vor Röntgenstrahlen und senken das Krebsrisiko. Sie verbessern die Hautfunktionen, verjüngen Haut und Haar, erhöhen die Vitalität und beugen vorzeitigem Altern vor. Pflanzen liefern uns ein organisch gebundenes Kalzium, das unser Körper hervorragend verwerten kann, und andere Mineralien. An erster Stelle steht hier das Gersten- und das Weizengras:

Hierfür wird etwa sieben Zentimeter langes Gersten- oder Weizengras geerntet und entsaftet oder bei unter 40 Grad C getrocknet und dann vermahlen bzw. pulverisiert. 50 Gramm des saftigen Grases enthalten etwa 450 Milligramm Kalzium und 200 Milligramm Magnesium – das ist dieselbe Menge, die in ½ Liter Ziegen- oder Schafsmilch enthalten ist. (60 Gramm nicht hitzebehandelter Schafs- oder Ziegenkäse liefern etwa 600 Milligramm Kalzium.) Die grüne Pflanzennahrung ist durch ihre antioxidativen und entzündungshemmenden Enzymkomplexe in der Lage, Krankheitszyklen zu unterbrechen und somit ein Milieu für Genesung zu schaffen.

Wie fit wir uns fühlen, das hängt auch von einer optimalen Verdauung und vom Energieaustausch durch lebendige Lebensmittel – die nicht über 40 Grad C erhitzt wurden – ab. Um die Verdaubarkeit der Nahrung zu erhöhen und die Zeit, die unser Körper für die Verdauung der Nahrungsmittel braucht, zu verkürzen ist das nicht erhitzte Pflanzengrün eine einzigartige natürliche Hilfe!

Getreide

Getreide liefert uns Ballaststoffe, ungesättigte Fettsäuren, Lezithin, komplexe Kohlenhydrate und viele B-Vitamine. (Diese Vitamingruppe gehört zur Gruppe der Vitamine, die durch Erhitzen oder Kochen völlig zerstört werden.) Außerdem enthält Getreide den Stoff Phytin, der Mineralstoffe wie Kalzium und Magnesium bindet, sodass sie im Darm nicht mehr vom Organismus aufgenommen werden können (Osteoporosegefahr). Weicht man Getreide ein und lässt es ankeimen, so wird das im Korn vorhandene Enzym Phytase aktiviert und das Phytin wird abgebaut. Getreide, das nicht gekeimt hat, wirkt im Körper säurebildend, was zur Verhärtung der Gewebe und zu Kalziumverlust in Zähnen und Knochen führen kann. Weichen Sie das Getreide also 3 bis 4 Stunden in Quellwasser ein, um es dann gut abtropfen zu lassen und danach noch einmal zu spülen. Jetzt geben Sie das Getreide für etwa 3 Tage in ein Keimgerät. Um das Getreide feucht zu halten, spülen Sie es 2- bis 3-mal am Tag mit frischem Quellwasser ab.

Alkalisch wirken die Getreide Amarant, Hirse, Quinoa (peruanischer Reis) und Zwerghirse. Säurebildend sind Mais, Gerste, Hafer, Reis, Roggen und Weizen. Amarant, Buchweizen, Mais, Hirse, Quinoa, Reis und Hirse enthalten kein Gluten. (Mehr zum Thema „Getreide" können Sie in Victoras Kulvinskas Buch *Leben und Überleben* nachlesen.)

Himalajasalz

Das Kristallsalz aus dem Himalaja ist 250 Millionen Jahre alt. Es wird von Hand abgebaut, gewaschen und getrocknet, wird nicht industriell behandelt und ist von höchster Qualität. Das Kristallsalz enthält 84 Elemente in organischer Form – sie können die Zellmembranen in unserem Körper gut passieren –, die auch in unserer Körperflüssigkeit vorkommen. Himalajasalz ist in Jahrmillionen unter Druck im Berg „herangereift" und frei von Verunreinigungen und Schadstoffen wie Schwermetallen, die beispielsweise im Meersalz mittlerweile vorkommen. Es ist die hochwertigste Form von Natursalz – hochwertiger noch als Steinsalz – mit einem heterogenen Gemisch von Mineralien und Spurenelementen. Von einem Natursalz kann man nicht zu viel zu sich nehmen; es kann also niemals zu Bluthochdruck führen, im Gegenteil, es wird den Blutdruck eher regulieren. Das Salz aus dem Himalaja kann bei Übersäuerung, Zahnfleischbluten, Zahnfleischschwund u. v. m. heilend wirken und es löst Zahnstein auf (Zähne zu diesem Zweck mit einer Salzsole putzen). Nehmen Sie einige Wochen lang jeden Morgen einen Teelöffel Salzsole (26-prozentige Lösung) ein, das wird Ihren Elektrolythaushalt positiv beeinflussen und kann Ablagerungen in den Gelenken auflösen. Kristallsalz ist vielseitig einsetzbar: zum Baden, zum Inhalieren und als Tinktur.

Hirse

„Hirse" ist eine Sammelbezeichnung für kleinfrüchtige Körner liefernde Getreidearten, die zur Familie der Süßgräser (Pocaceae) gehören. Bis vor etwa hundert Jahren spielte die Hirse auch in Europa in der Ernährung der Menschen eine große Rolle, geriet dann aber bedauerlicherweise in Vergessenheit. Dieses Getreide hat eine Renaissance verdient, denn es ist das mineralstoffreichste und enthält außerdem kein Gluten, kein Klebereiweiß! Hirse schenkt uns außerordentlich viel Kieselsäure (Silicium) und zudem Fluor, Schwefel, Phosphor, Eisen, Magnesium, Kalium, Zink u. v. m. Besonders reichlich versorgt uns dieses Getreide mit den Vitaminen der B-Gruppe – B_1, B_2, B_6, B_{17} –, mit Panthothensäure und Nikotinsäureamid. Die Mineralstoffe, Spurenelemente und Wirkstoffe liegen in der Hirse in einer Form vor, die eine Wiedergesundung von Knochen und Knorpeln positiv beeinflussen kann, denn unsere Körperzellen können sie so besonders gut aufnehmen und Mineralstoffstauungen auflösen und Mineralienverluste ausgleichen.

Mit ihrem hohen Kieselsäuregehalt sorgt die Hirse für glatte, frische Haut und für kräftiges, glänzendes Haar. Kieselsäure und Fluor helfen bei der Gesundung der Zähne und sorgen für feste Nägel. Da die harten Fruchtschalen der Goldhirse nicht genießbar sind, muss sie geschält werden. Ur- oder Braunhirse wird dagegen nicht geschält, was sie noch hochwertiger macht als die Goldhirse, denn in der gemahlenen Braunhirse sind alle Vitalstoffe enthalten. Im Rohzustand – nicht über 40 Grad C erhitzt – verzehrt, zählt die Hirse zu den basenbildenden Getreidesorten und beugt somit der Übersäuerung und der Entmineralisierung sowie der Verschlackung vor.

Johannisbrotschoten

Der Johannisbrotbaum oder „Karobbaum" hat Früchte, die 10 bis 25 Zentimeter lang werden und deren Fruchtfleisch „Karob" genannt und zu Pulver verarbeitet wird, das als Kakaoersatz Verwendung findet. Es hat einen schokoladigen, süßen Geschmack. Der Samen der Johannisbrotfrucht wurde im alten Indien wegen seines beständigen Gewichts als Maßeinheit zum Wiegen von Edelsteinen verwendet. Diese Einheit – das Karat (von arabisch kerat, „Johannisbrotsamen") – wird von Juwelieren noch heute benutzt. Einem Karat entsprechen 200 Milligramm, was etwa dem Gewicht eines Kerns dieser Hülsenfrucht entspricht.

Kanne Brottrunk

Ein gesunder Darm ist die Grundvoraussetzung für unser Wohlbefinden. Milchsäurebakterien wie in „Kanne Brottrunk" stabilisieren das Milieu in unserem gesamten Darm, sodass unser Immunsystem positiv beeinflusst wird. Außerdem regen sie die Ausscheidung von Verdauungssäften an, das bedeutet, dass der Abbau der Nahrung in Magen und Darm und die Darmbewegung verbessert werden, was Verstopfung und Blähungen entgegenwirkt. Als Bestandteil der Darmflora sind die Milchsäurebakterien an der sogenannten „Kolonisationsresistenz" (Schutz im Darm vor Giften und Befall durch Fäulniskeime) beteiligt. Zudem sind diese Bakterien an der im Darm stattfinden-den Synthese und Nutzbarmachung vieler Vitamine (wie etwa B_1, B_2, B_6, B_{12}, Niacin) beteiligt und haben einen hohen desinfizierenden Effekt, da sie Wasserstoffionen freisetzen. So können die Entwicklung und Ausbreitung schädlicher Keime und deren Giftstoffe gehemmt werden. Au-ßerdem wirken sie basisch und sind damit in der Lage, ausgleichend auf unseren Säure-Basen-Haushalt einzuwirken und den Körper von Schlacken und Giften zu befreien. Nicht vergessen werden sollte auch die Mitwirkung der Milchsäurebakterien, wenn es darum geht, unseren Kör-per vor Infektionen zu schützen. Der Säureschutzmantel der Haut wird durch die Milchsäure ebenfalls erhalten. Eine milchsauer vergorene Flüssigkeit, die Anne Wigmore entwickelt hat, kön-nen Sie selbst herstellen (siehe unter „Rejuvelac", Seite 140). Ich empfehle jedoch „Kanne Brot-trunk", den es schon fertig zu kaufen gibt.

Mandelpüree, rohes

Das Bio-Mandelpüree von Urs Hochstrasser hat Rohkostqualität und ist nicht nur in der modernen Küche, sondern auch im Bereich „Sport, Diät und Kinderernährung" ein äußerst wertvolles Nah-rungsmittel. Der ausgewogene und zugleich hohe Nährwert der Mandel lässt diesem Pürre ge-rade in der heutigen Zeit mit ihren immensen Anforderungen einen besonderen Stellenwert zukommen.

Mandeln enthalten Proteine, Mineralien und Vitamine – hauptsächlich E, B_1 und B_2. Die Zu-sammensetzung der in Mandeln enthaltenen Nährstoffe ist optimal und auch essenzielle Ami-nosäuren liegen in ausreichendem Maße vor. Mandeln sind also konzentrierte Nahrung und machen, in vernünftigen Mengen verzehrt, nicht dick. Sie enthalten ungesättigte Fette, die als Zellbausteine dienen und Ausgangsstoffe für die Bildung von lebenswichtigen Hormonen sind. Was unser Organismus zur Verdauung dieser Fette sowie zu deren Umwandlung in Energie be-nötigt, ist in den Mandeln selbst bereits vorhanden. Mandeln bieten sich also für eine moderne Ernährung an, besonders in den kälteren Ländern, wo natürlich gereifte Früchte und hohe Son-neneinstrahlung fehlen. Vitamin E und ungesättigte Fette sind ein starkes Team, denn Vitamin E schützt die ungesättigten Fettsäuren vor der Oxidation. Außerdem wirken Mandeln basisch und enthalten viel Kalzium und Magnesium, was Gereiztheit, Nervosität, Abgespanntheit, Müdigkeit und Muskelkrämpfen entgegenwirkt. In der Schwangerschaft und in der Stillzeit, während des Wachstums bei Jugendlichen, beim Sport sowie durch einen hektischen Lebensstil mit viel Stress steigt unser Magnesiumbedarf.

Dr. D. Graham hat in den USA nachgewiesen, dass ein Sportler nur dann seine wirkliche Höchst-leistung erbringen kann, wenn er seine Ernährung auf Früchte umstellt – am besten Bananen und Datteln – und Nüsse – oder noch besser: Mandeln. Rohes Mandelpüree wird aus fein gemah-lenen Bio-Mandeln hergestellt, die nicht zu stark erhitzt werden.

Maronipulver, rohes (Edelkastanienmehl)

Hildegard von Bingen lobte die Edelkastanie als die „Königin der Früchte" und sagte über sie, dass diese Frucht die wertvollste in unseren Breitengraden sei. Sie enthält alle Mineralsalze, die Vitamine A, B_1, B_2, B_3, B_5 und neun wertvolle ungesättigte Fettsäuren. Sie soll Blockaden im Körper und im Geist lösen und die Flexibilität des Bindegewebes unterstützen. Die Kohlenhydrate der Maroni sind eine basische Gehirnnahrung und deshalb ideal als wärmende Morgenmahlzeit. Achten Sie bitte unbedingt darauf, dass Sie das Maronipulver in Rohkostqualität erhalten! Mehr Informationen finden Sie in Ursula Schallers Buch *Edelkastanien für Leib und Seele*.

Maulbeeren

Maulbeerbäume gehören wie die Feigen zur Familie der Maulbeerbaumgewächse *(Moraceae)*. Außerdem sind sie eine der ältesten Kulturpflanzen der Menschheit. In China wird die weiße Maulbeere seit 4500 Jahren als Futterpflanze für die Seidenraupenzucht angebaut. Heilkräftig sind nicht nur ihre der Brombeere ähnelnden Früchte, sondern auch ihre Blätter und Wurzeln. Die Maulbeere kann beispielsweise bei Bakterien-, Pilz- und Vireninfektion; zur Beruhigung, bei erhöhtem Blutdruck, zur Entgiftung; bei Entzündungen (auch bei Neurodermitis), Gicht; zur Immunsteigerung (wirkt krebshemmend); bei Schlafstörungen, Schmerzen (auch zur Schmerzlinderung bei Arthritis) und bei Tuberkulose heilend wirken. Diese Frucht verbessert die Stimmung, wirkt günstig auf das Herz-Kreislauf-System, mindert Stress, verbessert die Potenz, regt die Verdauung an und unterstützt die Raucherentwöhnung. In der Maulbeere sind 800-mal mehr Enzyme enthalten als in der Ananas und 150 verschiedene gesundheitsfördernde Inhaltsstoffe sorgen für vielfältige Wirkung, z. B. Alkaloide, Aminosäuren, ätherische Öle, Enzyme, wertvolle Fettsäuren, Flavonoide, Glykoside, Mineralstoffe, Scopoletin, Spurenelemente und Vitamine.

Miso

Miso ist eine fermentierte Paste aus Sojabohnen und (meist) einer Getreideart. Es hat eine cremige bis feste Konsistenz und ist ein gesundes Gewürz, das – im Gegensatz zum Kochsalz – kein Durstgefühl erzeugt. Seine Enzyme und Nährstoffe lassen unseren Körper das in Miso enthaltene Salz besser verarbeiten. Helles Miso schmeckt mild und süßlich, dunkles intensiver und würziger (es enthält mehr Meersalz). Dieses Würzmittel enthält Enzyme, Mineralstoffe, Vitamin B_{12} und – je nach Sorte – zwischen 12 und 20 Prozent Eiweiß. Miso kann Arteriosklerose vorbeugen, erleichtert die Verdauung und hat weitere gesundheitsfördernde Eigenschaften. Die Herstellung von Miso kann bis zu drei Jahre erfordern: Gekochte Sojabohnen werden mit Meersalz und Wasser vermengt und zur Gährung mit Kōji-Schimmelpilz angesetzt.

Nüsse, Samen und Getreide

Viele Menschen können Nüsse nicht essen, weil sie auf diese allergisch reagieren. Ursache hierfür sind die sogenannten „Enzyminhibitoren": Die Natur schützt Nüsse, Samen und Getreide davor, dass sie zum falschen Zeitpunkt keimen, indem sie diese mit einem solchen Stoff überzieht –

dieser kann beim Menschen leider allergische Reaktionen hervorrufen. Für Rohkostgerichte weichen wir Nüsse, Samen und Getreide nun grundsätzlich in frischem Quellwasser ein, bevor wir sie verzehren, denn in Wasser löst sich der Enzyminhibitor nach etwa 10 Stunden auf. Das Einweichwasser kann nun weggeschüttet und Nüsse und Samen können nun sofort verzehrt werden. Getreide sollte anschließend noch – je nach Sorte – einige Tage ankeimen, damit wir es besser verdauen können. Wer viel mit rohen Nüssen und Samen arbeitet, kann diese nach dem Einweichen und Spülen wieder „zurücktrocknen", um sie länger haltbar zu machen. Dazu verwenden wir das Dörrgerät, in dem wir die Nüsse, die Samen und das angekeimte Getreide bei 40 Grad C gut trocknen. Jetzt können die Nüsse, Samen und angekeimten Getreidekörner in einem luftdicht verschlossenen Behälter lange aufbewahrt und nach Bedarf gegessen oder weiterverarbeitet werden.

Oliven

Die Olive ist wohl das vollkommenste Lebensmittel. Den alten Römern gelang es, die Steinmühle zur Pressung von Olivenöl technisch zu vervollkommnen. Damals galt die Olive als Liebesfrucht, als starkes Aphrodisiakum, besonders wenn man sie in großen Mengen verzehrte.

Diese Frucht reift erst vollständig, wenn sie vom Baum gefallen ist und auf dem Boden in der Sonne liegt, denn erst wenn ihre Bitterstoffe (Oleuropein) abgebaut sind, ist die Frucht genießbar. Dunkle Oliven, die im Mittelmeergebiet und in den USA angebaut werden, erreichen ihre volle Reife, wenn das Fruchtfleisch weich wird und sich braun oder schwarz verfärbt. Die Haut der Frucht kann jetzt runzlig werden.

Die Olive besitzt ein wundervolles Aroma. Sie ist die Frucht mit dem größten Mineralstoff- und Kalziumgehalt. Sie ist reich an Magnesium, an Aminosäuren, auch an Leukin, Asparginsäure und Glutaminsäure. Die Olive ist eine alkalische und fetthaltige Frucht. Oliven haben außerdem einen hohen Gehalt an nützlichen und wertvollen Omega-3- und Omega-6-Fettsäuren, sind reich an Vitamin A und E, haben antioxidative Eigenschaften und kalt gepresstes Olivenöl hat auch eine wundervolle kosmetische Wirkung. Oliven können den toxischen Schleim, der durch den Genuss von erhitztem Brot, Nudeln und Kartoffeln entsteht, am besten lösen. (Mehr hierzu können Sie in Professor Arnold Ehrets Buch Die schleimfreie Heilkost nachlesen.) Sie wirken in dieser Hinsicht dreimal stärker als Orangen. Ich empfehle grundsätzlich in einer Steinmühle kalt gepresstes und unbehandeltes Olivenöl in dunklen Flaschen. (Bezugsquelle für Oliven und Olivenöl auf Seite 142)

Ölmischungen von Dr. Udo Erasmus

Ω -3-Plus

Die Omega-3-Fettsäuren der meisten Nahrungsergänzungsmittel werden aus Fischen gewonnen – das lehne ich persönlich aus ethischen und ernährungswissenschaftlichen Gründen ab. Ich empfehle Produkte mit pflanzlichen Omega-3-Fettsäuren. Eine ausgewogene Kombination naturbelassener pflanzlicher Öle, kalt gepresst unter Ausschluss von Licht und Sauerstoff, bietet diese sehr gut schmeckende Ölkombination von Dr. Udo Erasmus, die ich gern in Cremes und Soßen gebe, um sie geschmeidiger zu machen. *Ω-3-Plus* besitzt ein optimales Verhältnis an Omega-3, Omega-6- und Omega-9-Fettsäuren.

Ω -3-DHA

Der Abwechslung halber verwende ich auch gern *Ω-3-DHA* – eine weitere Ölmischung aus naturbelassenen pflanzlichen Ölen, die ebenfalls unter Ausschluss von Licht und Sauerstoff kalt gepresst wird. *Ω-3-DHA* enthält zwei weitere essenzielle (lebensnotwendige) Fettsäuren – Fettsäuren, die unser Körper nicht selbst herstellen kann. Die aus Algen gewonnene DHA (Docosahexaensäure, die gut ist für die Augen und das Gehirn) und GLA (Gamma-Linolensäure, die gut ist für das Immunsystem und das Allgemeinbefinden).

Quinoa

Dass eine Körnerfrucht mit einem Nährstoffprofil wie Quinoa, auch „Inkareis" genannt, bis vor Kurzem so stiefmütterlich behandelt wurde, ist kaum zu verstehen. Vor allem die Samen der mehr als mannshoch wachsenden Pflanze, die zur Familie der Fuchsschwanzgewächse *(Amaranthaceae)* gehört, haben es in sich: Ihr Eiweißgehalt liegt bei etwa 15 Prozent und übertrifft somit den anderer Körner erheblich. Außerdem ist dieses hochwertige Nahrungsmittel reich an den lebenswichtigen Aminosäuren Lysin, Tryptophan und Cystin – es ist also biologisch wertvoller als Sojabohnen und Getreide.

Nach Auffassung der FAO *(Food and Agriculture Organization of the United Nations)* hält Quinoa dem Vergleich mit Milch stand. Nicht nur Vegetarier sollten das Korn also schätzen, denn es enthält auch nur sehr wenig Gluten (Klebereiweiß) – das bedeutet, Menschen, die unter Glutenunverträglichkeit (Zöliakie) leiden, können dieses Getreide bedenkenlos zu sich nehmen. Der Fettgehalt von Quinoa (5 bis 6 Prozent) entspricht in etwa dem von Hafer, wobei 99 Prozent seiner Fettsäuren ungesättigt sind und rund die Hälfte davon in Form von essenzieller Linolsäure vorliegt. Quinoa ist zudem reich an Kalzium, Magnesium, Eisen und Zink, es enthält verschiedene Vitamine der B-Gruppe und ausgesprochen viel Vitamin E.

Schokoladenpulver, rohes

Kakao ist ein Genussmittel; er enthält Theobromin, eine dem Koffein verwandte Substanz. „So sollten Kakao, Schokolade und ähnliche Präparationen in gleicher Weise verurteilt werden wie Tee oder Kaffee!", schreibt Helmut Wandmaker in *Willst Du gesund sein? Vergiss den Kochtopf!* Roh schmeckt die Kakaobohne recht bitter und kann nicht sehr fein gemahlen werden. Deshalb wird das Kakaopulver erhitzt – und damit schmackhafter und geschmeidiger gemacht. Dabei gehen allerdings die wertvollen Inhaltsstoffe dieser Frucht verloren. Rohes Schokoladenpulver wird aus rohen Kakaobohnen hergestellt, es schmeckt also bitterer und die Konsistenz ist nicht so fein, wie wir das von Kakaopulver gewohnt sind. (Bezugsquelle auf Seite 142).

Shoyu

Shoyu ist ein Würzmittel, das seit 5000 Jahren in China hergestellt und verwendet wird. Durch seine Fermentierung hat es einen hohen gesundheitlichen Nutzen, weshalb ich es zur Zubereitung meiner Speisen verwende, obgleich es ein erhitztes Produkt ist. Das Herstellungsverfahren dauert ungefähr 2 Jahre: Vollwertiger Winterweizen wird geröstet und zerkleinert, Sojabohnen werden gedämpft. Danach werden sie zu gleichen Teilen gemischt und mit Sporen des Aspergillus-Pilzes geimpft. Nach drei Tagen in einem warmen feuchten Raum wächst auf der Mischung eine Matte aus duftendem Schimmelpilz, der sehr enzymreich ist. Dann wird das Ganze in eine Lake aus Wasser, Meersalz und Nigari (mineralischer Rückstand beim Extrahieren von Natriumchlorid aus Meersalz) gegeben und ruht etwa 18 Monate in Holzfässern. Das reife, vergorene Gemisch wird in Baumwollsäcke gefüllt und ausgepresst – so entsteht eine dunkle Flüssigkeit, eine Mischung aus Shoyu und Roh-Sojaöl (Letzteres wird abgeschöpft). Die Sojasoße wird dann bei niederen Temperaturen pasteurisiert und anschließend in Flaschen gefüllt.

Tamari

Tamari ist eine weizenfreie Sojasoße. Als Startferment dient Koji, das mit etwas Gerstenmehl vermischt wird. Deswegen enthält Tamari nach der Gärung weniger Alkohol als Shoyu. Tamari hat ein kräftiges Aroma.

Methoden

Einfrieren

Unsere Lebensmittel schock- oder dauerzugefrieren – unter 0 Grad C – ist nicht so schadhaft, wie sie zu kochen, obgleich beim Einfrieren 30 bis 66 Prozent der Enzyme zerstört werden. Wenn ein Nahrungsmittel eingefroren wird, dehnt sich das in den Zellen enthaltene Wasser aus und bewirkt, dass die Zellwände platzen und der Inhalt austritt. Das führt dazu, dass das Lebensmittel langsamer oder schlechter verdaut werden kann, und stellt eine Denaturierung der Lebensmittel dar. Somit ist eingefrorene Nahrung für Rohköstler nicht geeignet.
Wenn wir gefrorene Speisen wie Eis essen oder eisgekühlte Getränke trinken, zieht sich unser Magen zusammen und die Verdauungssäfte werden nicht in ausreichendem Maße gebildet. Das wiederum bedeutet, dass die Speisen unausgewertet zu gären beginnen!

Früchte trocknen

Das Dehydrieren bzw. Trocknen von Früchten ist die beste Methode, um sie haltbar zu machen. Beim Trocknen gehen die Enzyme nicht verloren und der Energieverlust ist sehr gering, das bedeutet, die Früchte bleiben im Wesentlichen so erhalten, wie sie in ihrem lebendigen Zustand waren. (Nach der Kirlianfotografie reduziert sich jedoch die Gesamtenergie der Nahrungsmittel durch das Trocknen um etwa 25 Prozent.) Werden die getrockneten Früchte über längere

Zeit gelagert, so findet mit der Zeit ein ganz natürlicher Verlust an vitaler Energie statt. Deshalb gilt hier: Verzehren Sie die getrockneten Früchte bald. Außerdem sollten Sie nach dem Genuss getrockneter Früchte mehr trinken.

Getrocknete Äpfel
5 kg Äpfel

Das Kerngehäuse der Äpfel (am besten Elstar) mit einem Apfelausstecher entfernen und die Früchte in etwa 3 Millimeter dicke Ringe schneiden. Die Apfelringe dann 12 Stunden im Dörrgerät bei 40 Grad C. trocknen lassen. Achten Sie darauf, dass die einzelnen Ringe sich nicht berühren, damit sie nicht zusammenkleben. *5 Kilogramm Äpfel ergeben etwa 900 Gramm.*

Tipp: Wenn Sie die Apfelringe sofort nach dem Trocknen in ein luftdicht verschließbares Gefäß geben, werden sie richtig schön krosse Apelchips. Ein crispiges Vergnügen!

Getrocknete Erdbeeren
5 kg reife aromatische Erdbeeren

Erdbeeren können Sie als ganze Früchte oder als Hälften trocknen. Ganze Erdbeeren zu trocknen dauert allerdings sehr lange. Deshalb rate ich Ihnen, die Beeren zu halbieren und dann 48 Stunden bei 40 Grad C trocknen zu lassen. Schauen Sie immer wieder nach, ob die Erdbeeren schon trocken sind, und nehmen Sie sie erst aus dem Dörrgerät, wenn keine Flüssigkeit mehr in den Früchten ist. *5 Kilogramm Erdbeeren ergeben etwa 600 Gramm Trockenobst.*

Getrocknete Kiwis
5 kg Kiwis

Die Kiwis schälen und in etwa 4 Millimeter dicke Scheiben schneiden. Die Kiwischeiben auf den Rost des Dörrgeräts legen und 24 Stunden bei 40 Grad C trocknen lassen. *5 Kilogramm Kiwis ergeben etwa 750 Gramm getrocknete Früchte.*

Getrocknete Tomaten
5 kg reife aromatische Tomaten (Berner Rose)

Die Tomaten wie einen Apfel schälen. Die Stielansätze und die grünen Stellen entfernen. Die Früchte vierteln oder achteln und mit Kernen im Dörrgerät etwa 2 Tage bei 40 Grad C trocknen lassen. *5 Kilogramm frische Tomaten ergeben etwa 250 Gramm Trockentomaten.*

Getrocknete Zwetschgen

5 kg Zwetschgen (Bühler Zwetschge)

Wenn Sie die Zwetschgen als ganze Früchte trocknen, verlieren sie am wenigsten Inhaltsstoffe. Trocknen Sie die Zwetschgen mit Stein, so bleiben die Inhaltsstoffe besser erhalten, die Trocknungszeit erhöht sich allerdings auf etwa 3 Tage – bei 40 Grad C. Bühler Zwetschge ist die beste Sorte zum Herstellen von Trockenfrüchten, denn sie wird erst spät im Herbst reif. Am besten werden die Zwetschgen, die schon ein wenig runzlig werden, während sie noch am Baum hängen. *Hier ergeben 5 Kilogramm Zwetschgen etwa 1700 Gramm Trockenfrüchte.*

Milchsauer vergorene Nahrungsmittel

Rejuvelac

Rejuvelac ist milchsauer vergorener Weizen nach dem Rezept von Anne Wigmore. Um ihn selbst herzustellen, benötigen Sie:

1 Tasse Weizen oder andere Getreidekörner ❀ 2 Tassen Quellwasser

Die Körner waschen und 24 Stunden einweichen. Dann das Wasser abschütten und das Getreide in einem Keimgerät etwa 3 Tage ankeimen lassen. Danach den angekeimten Weizen in ein Weckglas füllen, mit der 3-fachen Menge Quellwasser bedecken und an einem warmen Ort 24 bis 36 Stunden gären lassen. Die Temperatur sollte dabei gleichmäßig etwa 21 Grad C betragen. (Wird es zu warm, kann die Gärung in Fäulnis übergehen. Geschmack und Geruch dienen hier als Warnung.

Papayapfeffer

Die fast schwarzen Kerne der reifen Papayafrucht schmecken angenehm scharf und enthalten, wie das Fruchtfleisch der *grünen* Papaya selbst, krebshemmende und pilztötende Substanzen. Die Kerne sind ein gutes Wurmmittel und wirken auch vorbeugend. Kauen Sie ungefähr 20 bis 30 frische Kerne, wenn Sie eine Papaya aufgeschnitten haben. Die restlichen Kerne können Sie anschließend im Dörrgerät 30 Stunden bei 40 Grad C oder in der Sonne trocknen (in etwa die gleiche Trocknungszeit) und dann wie Pfefferkörner entweder ganz oder als Streupfeffer verwenden.

Küchengeräte

„Champion Entsafter"

Dieser von Dr. Norman Walker entwickelte Entsafter verarbeitet die Fasern des Obstes und Gemüses zu einem Brei und drückt erst dann den Saft aus ihnen heraus. Auf diese Weise enthält der Saft ein Maximum an Vitaminen, Enzymen und Mineralien. Dank seines rotierenden Schneidewerkes, das bei 1400 Umdrehungen pro Minute arbeitet, entsaftet der „Champion" sehr schonend bei geringfügiger Erwärmung und niedriger Sauerstoffzufuhr (sodass die Vitalstoffe erhalten bleiben). Das Gerät wird seit 1955 ohne wesentliche Veränderungen gebaut und Sie können mit ihm auch Nussmus, Feigenmus, Apfelmus und Karottenmus herstellen. (Bezugsquelle auf Seite 142)

Dörrgerät oder Lebensmitteltrockner

Getrocknete Rohkost-Lebensmittel – hier darf bei höchstens 40 Grad C getrocknet werden – behalten ihren Nährwert fast vollständig und der natürliche Eigengeschmack, das Aroma, nimmt durch den Wasserentzug eher noch zu. Ein Dörrgerät oder Lebensmitteltrockner trocknet alle Arten von Obst, Gemüse, Pilzen und Kräutern. Und Dörrobst und -gemüse bringen eine herrliche Abwechslung auch in die Rohkostküche. (Bezugsquelle auf Seite 142)

Keimgerät

Mit diesem Gerät können Sie Sprossen und Keimlinge selbst ziehen – einfach und schnell. Ernten können Sie schon nach wenigen Tagen. Ich selbst habe die besten Erfahrungen mit einem Keimgerät gemacht, in dem man verschiedene Samensorten zur gleichen Zeit keimen lassen kann. Das Gerät sollte allerdings in keinem Fall aus Plastik sein, sondern aus Glas oder einem für Lebensmittel geeigneten Acrylglas und es sollte am besten ein Bewässerungssystem haben, das das mühsame Wechseln des Wassers überflüssig macht. Sie erhalten Keimgeräte in jedem gut sortierten Reformhaus oder Naturkostladen.

Legumette oder „Chef Cutter"

Dieses Handgerät ermöglicht es Ihnen, alle festen Gemüse hauchdünn oder in Spaghetti zu schneiden. Sie können zum Beispiel aus Karotten, roter Beete oder Kohlrabi spagettiähnliche Fäden herstellen, aber auch breitere Steifen, die wie Locken aussehen. Die Legumette ist auch zum kreativen Garnieren mit Früchten hervorragend geeignet. (Bezugsquelle auf Seite 142)

Mixer

Wollen Sie öfters Rohkostgerichte zubereiten, so ist die Anschaffung eines Mixers anzuraten, der bei sehr hoher Geschwindigkeit arbeitet. Für große Mengen verwende ich den *Vita-Mix TNC*, einen unverwüstlichen Super-Mixer, der alles kann – mit seinen 2 PS ist er für die Rohkostküche wie geschaffen. Die Umdrehungszahl der Schneidemesser ist zwischen 1000 und 37.000 Umdrehungen pro Minute stufenlos einstellbar. Glatte Säfte und Desserts können also mit diesem Mixer ebenso zubereitet werden wie gröbere Früchte-„Breie". Auf Reisen verwende ich den *Personal Blender PB 200*. Er ist kleiner, stabil, handlich und trotzdem leistungsfähig.

Pürierstab

Ein Pürier- oder Zauberstab wird unter anderem bei der Zubereitung von Drinks und Cremes eingesetzt. Sie bekommen ihn in jedem gut sortierten Haushaltswarengeschäft.

Bezugsquellen

Apfelkonzentrat: Sonja Röpke, Tel.: 00 49(0)37 23/41 60 88

„Champion Entsafter": www.rohkostclub.de

Chi: Firma *Soyana*, www.soyana.ch, info@soyana.de, Andreas Schmitz,
Tel.: 00 49(0)89/12 02 15 15

Chufa oder Erdmandeln (ganz und gemahlen): www.tigernuss.de

Dörrgerät: www.rohkostclub.de

Edelhefe: www.biogenial.de

Früchte, frische: www.orkos.com; www.passion4fruit.com

Früchte, getrocknete: www.waltraud-weber.de

Gerstengraspulver: Keimling Naturkost, www.keimling.de, Tel.: 00 49(0)41 61/5 11 60

Handmixer: www.rohkostclub.de

Hanfnüsschen: www.hanfhaus.de

Kanne Brottrunk: Reformhäuser, Naturkostläden und Supermärkte

Karobpulver oder Seidenkarobpulver: www.veggiesdelight.de

Kokosfett: www.noble-house.tk; www.monade-dresden.de, www.puravita.de

Legumette oder *Chef Cutter*: www.rohkostclub.de

Mandelpüree, rohes: www.soyana.ch; www.puravita.de; www.solife.ch

Maronipulver, rohes: www.puravita.de

Mixer: *Vita Mix* – www.puravita.de; *Personal Blender PB 200* – www.rohkostclub.de

Nüsse, getrocknete: www.waltraud-weber.de

Oliven, getrocknete O., naturbelassen oder gesalzen: www.veggiesdelight.de

Olivenöl: Oli diVini, Andrea Sita, Lenzfrieder Str. 3a, 87437 Kempten,
Tel.: 00 49(0)831/5 75 34 14, info@olidivini.de

Ölmischungen von Dr. Udo Erasmus: www.puravita.de

„Ω-3-Plus"-Ölmischung: www.puravita.de

Schokoladenpulver, rohes: www.veggiesdelight.de

Literaturhinweise

Ehret, Prof. Arnold: *Die schleimfreie Heilkost. Für alle, die gesund werden und gesund bleiben wollen. Eine Methode, sich „gesund zu essen".* Natura Viva, 2006

Fischer-Reska, Hannelore: *Die Entsäuerungs-Revolution. Endlich richtig entgiften!* Südwest-Verlag, 2006

Kulvinskas, Victoras: *Leben und Überleben. Kursbuch im 21. Jahrhundert.* F. Hirthhammer Verlag, 2001

Mauz, Gabriele: *Rohköstlichkeiten für Genießer. Eine kulinarische Reise durch die Rohkostküche.* Hans-Nietsch-Verlag, 2005

Moll, Ralf: *Brottrunk. Der Natursaft für Stoffwechsel und Verdauung.* List Verlag, 2006

Müller-Burzler, Henning: *Auf den Spuren der Methusalem-Ernährung. Gesund und allergiefrei. Die Wiederentdeckung der Heil- und Aufbaukräfte der Nahrung.* Windpferd Verlag, 2004

Opitz, Christian: *Ernährung für Mensch und Erde. Grundlagen einer neuen Ethik des Essens.* Hans-Nietsch-Verlag, 1995

Popp, Fritz-Albert, und Bröckers, Mathias: *Die Botschaft der Nahrung.* Zweitausendeins Verlag, 2005

Schaller, Ursula: *Edelkastanien für Leib und Seele.* Books on Demand, 2005

Schatalova, Galina: *Wir fressen uns zu Tode. Das revolutionäre Konzept einer russischen Ärztin für ein langes Leben bei optimaler Gesundheit.* Goldmann, 2002

Simonsohn, Barbara: *Papaya. Heilen mit der Wunderfrucht.* Windpferd Verlag, 1998

Stelzl, Diethard: *Über die Lichtkraft der Farben in unserer Nahrung. Kompass für gesundes und genussreiches Essen.* Verlag Via Nova, 2004

Tavárez, Reidar: *Gesund ohne Kochtopf – aber wie? Tips und Tricks für Rohköstler und solche, die es werden wollen.* Betzel Verlag, 2000

Walker, Dr. Norman W.: *Auch Sie können wieder jünger werden.* Goldmann Verlag, 2000

Wolfe, David: *Die Sonnendiät. Ein vegetarisches Programm für Vitalität und Superfitness.* Goldmann Verlag, 2001

Wandmaker, Helmut: *Willst Du gesund sein? Vergiss den Kochtopf!* Goldmann, 2005

Eine persönliche Anmerkung zum Thema „Nahrungsergänzung"

Ein mittelgroßer Apfel wiegt rund 100 Gramm und liefert etwa 50 Kilokalorien Energie. Er besteht im Durchschnitt zu etwa 12 Gramm aus Kohlehydraten, zu 0,2 Gramm aus Eiweiß, zu 0,6 Gramm aus Fett, zu 85 Gramm aus Wasser, zu etwa 12 Milligramm aus Vitamin C und zu 100 bis 180 Milligramm aus Kalium. – Eine rundum gesunde Sache also und außerdem macht er schön, denn schließlich schützt Vitamin C die Haut vor Zellschäden und wirkt antioxidativ.

Antioxidantien sind Oxidationshemmer. Sie schützen unsere Zellen vor Schäden, die durch freie Radikale verursacht werden, und wirken damit vorzeitigem Altern entgegen. Sie sind in Obst und Gemüse reichlich enthalten, weshalb die WHO (Weltgesundheitsorganisation), die Deutsche Krebsgesellschaft, die Deutsche Gesellschaft für Ernährung, die Deutschen Gesellschaften für Herz-Kreislauf-Erkrankungen, das Bundesgesundheitsministerium und alle namhaften Gesundheitsorganisationen zum Schutz vor Zivilisationserkrankungen wie Krebs, Herzinfarkt, Schlaganfall, Diabetes u. v. a. empfehlen, täglich *mindestens fünf* Portionen (etwa 600 Gramm) Obst und Gemüse zu essen. Als Faustregel gilt: Eine gute Handvoll Obst oder Gemüse entspricht einer Portion. Doch bedenken Sie: Die empfohlenen fünf Portionen stellen ein Minimum dar! Es gibt Organisationen, die uns nahe legen, deutlich mehr – bis zu zehn Portionen – Obst und Gemüse pro Tag zu uns zu nehmen. Das macht das Ausmaß unserer Fehlernährung deutlich.

Hand aufs Herz: Schaffen Sie es, jeden Tag fünf Portionen Obst und Gemüse zu essen? Wenn nicht, befinden Sie sich in „guter Gesellschaft": In Deutschland nehmen die Menschen durchschnittlich nicht einmal eine Portion Obst und Gemüse am Tag zu sich! Wie wäre es hier mit einem Nahrungsergänzungsmittel? Könnte eine „Pille" unserem Körper vielleicht die Nährstoffe liefern, die er so dringend benötigt? Ich meine: Unter der Voraussetzung, dass sie alle Mikronährstoffe aus Obst und Gemüse enthält, ja. Entscheidend ist, dass in dieser Nahrungsergänzung die Inhaltsstoffe *ganzer* Früchte vorliegen und nicht einfach nur einzelne Mikronährstoffe zusammengefügt wurden.

Bleiben wir bei unserem Apfel: Ein frischer, reif geernteter Apfel enthält etwa 10.000 verschiedene Mikronährstoffe, von denen wir nur ungefähr 190 kennen. Die vorbeugenden und heilenden Wirkungen dieser natürlichen Stoffe verstärken sich gegenseitig – und so kann ein Nahrungsergänzungsmittel nur sinnvoll sein, wenn es der Natur so nahe wie möglich kommt. Es ist wie bei einem Orchester: Nur die Synergie aller Nährstoffe zeigt das perfekte Ergebnis. Nach dieser Vorgabe stellt die Firma *NSA* das Nahrungsergänzungsmittel *Juice PLUS+®* aus frischem, qualitativ hochwertigem Obst, Gemüse und Beeren her. Wissenschaftliche Studien haben ergeben, dass die Einnahme einzelner isolierter hoch dosierter Mikronährstoffe wenig positiv oder sogar schädlich in unserem Körper wirken kann.

Eines ist natürlich klar: Eine Pille oder Kapsel kann einen Apfel *nicht* ersetzen, sie kann jedoch durch Ernährungssünden entstandene Defizite ausgleichen. Weitere Informationen zu diesem Thema erhalten Sie unter www.rohkostclub.de.